"

O 'manual' decisivo para o inovador corporativo! Matt é o defensor de todas as pessoas esforçadas que estão tentando fazer a inovação funcionar em larga escala.

Sir Charles Allen, CBE

Um livro inspirador e prático. Matt explora a 'lógica da mágica' no trabalho e nos oferece novos truques para fazer isso acontecer. Leia apenas se você estiver preparado para agir dessa forma!

Marc Mathieu, vice-presidente sênior, Unilever

Na Zappos, acreditamos que, se acertarmos na cultura, a maior parte das outras coisas, como oferecer um excelente serviço aos nossos clientes ou construir uma marca duradoura, acontecerá naturalmente. Este livro revela o trabalho árduo necessário para criar uma empresa ágil, inovadora e empreendedora.

Tony Hsieh, autor de *Delivering Happiness*, best-seller do *The New York Times*, e diretor executivo da Zappos.com, Inc.

Um dos raros livros de negócios que você realmente lerá do começo ao fim.

Julian Birkinshaw, professor de Estratégia e Empreendedorismo, Escola de Negócios de Londres

Matt Kingdon entrelaçou vinte anos na linha de frente da experiência em inovação com uma contribuição convincente para os vários inovadores heroicos que trabalham contra as adversidades e as previsões pessimistas em organizações consagradas. Moral da história: você não está sozinho e este é o guia adequado para você.

John Kao, fundador do Instituto para Inovação em Larga Escala, criador do programa de inovação da Escola de Negócios de Harvard, presidente do Conselho Consultivo Global sobre Inovação do Fórum Econômico Mundial, autor de *Jamming*, e tecladista da banda Frank Zappa.

"

Os Verdadeiros Heróis da Inovação

Como desbloquear a inovação em grandes organizações aproveitando-se da serendipidade

Matt Kingdon

Tradução:
Beth Honorato

São Paulo, 2014
www.dvseditora.com.br

OS VERDADEIROS HERÓIS DA INOVAÇÃO
Como desbloquear a inovação em grandes organizações aproveitando-se da serendipidade

DVS Editora 2014 - Todos os direitos para a língua portuguesa reservados pela editora.

THE SCIENCE OF SERENDIPITY
How to unlock the promise of innovation in large organisations

This edition first published in 2012 by John Wiley & Sons Ltd
Copyright © 2012 ?What If! Limited

Fotografias principais de Jake Hilder, da Jake Hilder Photography
www.jakehilderphotography.co.uk

All Rights Reserved. Authorised translation from the English language edition published by John Wiley & Sons Limited. Responsibility for the accuracy of the translation rests solely with DVS Editora and is not the responsibility of John Wiley & Sons Limited. No part of this book may be reproduced in any form without the written permission of the original copyright holder, John Wiley & Sons Limited.

Diagramação: Konsept Design e Projetos

```
        Dados Internacionais de Catalogação na Publicação (CIP)
              (Câmara Brasileira do Livro, SP, Brasil)

   Kington, Matt
         Os verdadeiros heróis da inovação : como
   desbloquear a inovação em grandes organizações
   aproveitando-se da serendipidade / Matt Kington ;
   tradução Beth Honorato. -- São Paulo : DVS
   Editora, 2014.

         Título original: The science of serendipity :
   how to unlock the promise of innovation in large
   organisations.
         ISBN 978-85-8289-068-4

         1. Criatividade em negocios 2. Sucesso em
   negocios I. Título.

   14-04479                                   CDD-658.4063

               Índices para catálogo sistemático:

      1. Inovação nas empresas : Administração
         658.4063
```

Este livro é dedicado ao meu grande amigo, sócio e coentusiasta Dave Allan, há 20 anos comigo nesse trabalho de louco.

Sumário

Prefácio para a versão brasileira ix

Introdução 1
Os Verdadeiros Heróis da Inovação

1 O Protagonista 19
"Uma hora capitão, outra pirata":
   As características que os inovadores precisam desenvolver em um ambiente corporativo.

2 A Busca por Provocação 51
O controle deliberado da inspiração:
   Lidar com o desconhecido, encontrar novas ideias para resolver antigos problemas e contestar o status quo.

3 Transformando Ideias em Realidade 93
A arma favorita do inovador:
   Filosofia e método para o desenvolvimento, a validação e a venda de ideias.

4 Processo de Colisão 139
Criando espaço para a inovação:
   Como o ambiente físico pode ser utilizado para promover a inovação.

5 Combatendo a Máquina Corporativa 189
Contornando os do contra e as inevitáveis barreiras organizacionais:
   Como os inovadores corporativos têm êxito

Um Grito de Guerra 237

Agradecimentos 241

Fontes 243

Sobre Matt Kingdon 251

Prefácio para a versão brasileira

Os Verdadeiros Heróis da Inovação

Quase todos os países do mundo pensam que são os mais **criativos**. Do Alasca à Nova Zelândia, as pessoas sentem orgulho da capacidade inventiva que emerge de suas culturas e é muito comum encontrarmos exemplos de inovações em praticamente todos os contextos. E o Brasil não foge a esta regra. Os brasileiros são bastante orgulhosos de sua originalidade e criatividade que é alimentada por uma diversidade cultural realmente incrível. Os brasileiros também se orgulham por sua capacidade de improvisação e por conseguir fazer mais com menos recursos.

Ainda que criatividade não possua uma nacionalidade, é muito interessante ver como nossas culturas influenciam nossos comportamentos em relação à inovação. Na verdade, nossas culturas influenciam tudo o que somos e o que fazemos. Cultura é esta cola que nos conecta e dá sentido aos nossos agentes - casas, empresas, cidades, países. É algo vivo e dinâmico, onde as significâncias são criadas e compartilhadas.

Neste livro, Matt vai onde poucos tem coragem de ir, discute os elementos, os valores e principalmente os comportamentos que formam uma cultura inovadora. Matt indica que quando a cultura está certa tudo mais vai bem. Esta não é uma abordagem muito comum no Brasil. Apesar de sermos um povo caloroso, nossos métodos focam sempre nos processos, nos fluxos, nos sistemas e muito pouco nas pessoas e nos comportamentos que fazem a inovação acontecer.

Aqui, Matt usa toda sua sabedoria, adquirida através de anos de trabalho enfrentando grandes desafios de inovação, para reconhecer os verdadeiros heróis que fazem as verdadeiras transformações em nossas organizações. Ele reconhece os guerreiros que estão batalhando os vírus do individualismo e do pessimismo dia após dia. Os humildes que não têm a necessidade de comprovar que estão certos, mas apenas querem fazer algo funcionar. E os curiosos e inquietos que nunca estão satisfeitos e estão sempre querendo saborear algo novo e original.

Fundamentalmente este é um livro sobre transformação. Sobre uma transformação que acontece todos os dias e em todas as empresas, quando os funcionários enfrentam os desafios do negócio. Cada pergunta que é feita e cada decisão que é tomada tem o fantástico potencial de transformar não apenas o futuro da empresa como também a vida de cada funcionário, ou ainda, transformar o nosso país.

Eu acredito que o Brasil tem muito a aprender como usar os elementos positivos de sua cultura para atingir o seu fantástico potencial inovador. E é com uma enorme alegria e honra que tenho o privilégio de recomendar este livro que pode realmente nos ajudar nesta jornada.

Charles Bezerra, Ph.D.

Charles Bezerra é diretor da ?What If! Innovation e um dos maiores cientistas da inovação do Brasil. Possui Ph.D. pelo Illinois Institute of Technology e trabalhou como executivo em algumas empresas multinacionais. Já lecionou sobre inovação em universidades no Brasil, Estados Unidos e Nova Zelândia e tem palestrado em eventos internacionais e publicado artigos em respeitados jornais da América (EUA). Charles Bezerra é representante da América Latina no DMI Advisory Council e combina uma agenda de palestrante com desafiadores projetos de inovação.

Introdução
Os Verdadeiros Heróis da Inovação

O que poderia ser mais instigante do que utilizar como ponto de partida uma folha de papel em branco e criar algo realmente de valor? Criar algo do nada, olhar para algo que está no mercado e dizer: "Fui eu quem fez isso."

Na vida, não há muita coisa mais estimulante do que isso.

Estar no lugar certo e na hora certa, enxergar o que ninguém mais enxergou, unir os pontos e ter a perseverança de conduzir uma ideia em todo o seu processo até o lançamento e o sucesso comercial. Essa é a história do empreendedor que todos nós conhecemos muito bem.

Mas de alguma maneira essa história foi roubada pelas *start-ups* (empresas iniciantes). A palavra "empreendedor" ou até mesmo o termo "inovação" tornou-se sinônimo de figuras surpreendentemente jovens, superdescoladas e hiperinteligentes que conseguem logo ficarem milionárias.

Gostaria de explorar uma questão tão desafiadora quanto a história das *start-ups* e extremamente recompensadora quando a compreendemos da forma correta. Desejo também explorar a história da inovação nas grandes organizações, onde a necessidade de renovação está sempre presente. Todas as empresas foram *start-ups* algum dia e para muitas delas esse espírito está dormente, esperando para ser acordado.

Este livro investiga a fundo de que forma você pode fazer a inovação realmente ocorrer em organizações que têm uma mentalidade operacional enraizada. De acordo com minha experiência, isso ocorre principalmente nas grandes organizações. Espero que você considere este livro prático, valioso em relação às histórias e aos ensinamentos aprendidos na linha de frente da inovação corporativa.

As empresas consagradas têm seu próprio ritmo e as novas sugestões com frequência encontram resistência. Essas empresas sabem que precisam assumir alguns riscos e tentar fazer as coisas de uma maneira diferente. Mas isso é difícil, muito difícil. Parece haver obstáculos de todos os lados. A organização está praticamente condicionada a repetir sucessos e diminuir riscos, e agora estamos pedindo para que faça o contrário. Por algum motivo, o combate para inovar tem sido travado no ambiente de trabalho e não no mercado.

Na ?What If! medimos regularmente a temperatura de inovação de nossos clientes. Em 2012, pedimos para que 50 altos executivos responsáveis pela inovação de grandes empresas globais nos dissessem em que sentido o "panorama" da inovação estava mudando. Eles nos disseram que o futuro parece muito mais incerto, que se tornou extremamente difícil programar uma inovação e que eles precisam estar mais bem preparados para lidar com a ambiguidade. Revelaram também que a necessidade de ruptura está forçando as pessoas a olhar além de sua categoria e de sua zona de conforto, que o relacionamento com os grupos de interesse está se tornando mais complexo e que a quantidade de obstáculos a serem superados é maior do que nunca.

É em lugares como esses que os verdadeiros heróis dos negócios trabalham. Inovar em larga escala e criar prosperidade e emprego para muitos é, em meu ponto de vista, o desafio empresarial mais notável. Gostaria de contar a história de homens e mulheres que se esforçam por inovar nas grandes organizações, como elas se empenharam, como tiveram êxito e o que isso pode nos ensinar.

Gostaria que todos os executivos cuja magia empreendedora lhes foi tirada — ou que pensam que isso é exclusividade dos bacanas — reflitissem mais a fundo. Depois de 21 anos de trabalho com inovação em grandes empresas, sei que as invenções inesperadas e a exploração criativa de ideias são músculos que você pode optar por exercitar ou deixar definhar.

> *As invenções inesperadas e a exploração criativa de ideias são músculos que você pode optar por exercitar ou deixar definhar."*

Nos cinco capítulos que compõem este livro reuni uma série de observações sobre como as pessoas se preparam para conectar o que aparentemente estava desconectado e lutar para extrair algo dessas correlações dentro da organização em que trabalham. Não há dúvida de que existem medidas práticas que podem ser tomadas para ter mais "sorte" e topar com a próxima grande descoberta no trabalho. Juntos, esses cinco capítulos formam a estrutura mais simples por meio da qual posso explicar como as forças entrelaçadas que estão em jogo nas grandes organizações se juntam e possibilitam que a inovação floresça. Este livro não apresenta teorias; é um livro prático baseado em experiências práticas e direcionado às pessoas que estão lutando corpo a corpo com a inovação em larga escala.

Fundamentalmente, inovação tem a ver com a forma como os seres humanos se sentem influenciados a olhar em direção a novos lugares, trabalhar em equipe e reagir ao indesejado e ao inesperado. Para que a inovação ocorra em uma grande organização, precisamos de uma combinação de determinação, provocação, experimentação e astúcia política. Incluí neste livro várias histórias, observações e lições aprendidas em uma ampla variedade de setores. Provavelmente você concordará comigo que é ao mesmo tempo fascinante e instrutivo ir além das fronteiras de seu setor e dar uma espiada em como os outros estão inovando.

Da grande à pequena e da pequena à grande

Adoro contar histórias, particularmente histórias sobre inovação. Adoro o drama e a "condição humana" fundamental embutida nessas histórias. Levo a inovação a sério, mas não com uma postura formal; enquanto tema, ela precisa ser provocativa, divertida e envolvente.

Minha história particular é de uma pessoa que trabalhou em uma grande empresa, depois em uma pequena empresa e agora em grandes empresas. Iniciei minha carreira na década de 1980 como profissional de *marketing* na Unilever, uma gigante em produtos de consumo. Passei vários anos aprendendo a ajudar pessoas do mundo inteiro a ter roupas mais limpas, axilas perfumadas e cozinhas superlimpas e a remover manchas inimaginavelmente desagradáveis dos banheiros. Saber como uma grande empresa conecta-se com seus clientes e os satisfaz foi aprendizado inspirador.

Em 1992, então com 29 anos de idade, tive um daqueles "momentos Maslow" em que nos damos conta do que toda essa questão de autorrealização realmente se trata. Juntei-me então a um colega — Dave Allan. Não tínhamos dinheiro, nem namoradas, nem filhos nem dívidas — na verdade, não tínhamos nada além do desenfreado desejo de reinventar o método empregado pelas grandes empresas para desenvolver coisas novas. Diante disso, decidimos criar uma empresa chamada ?What If! em Londres. O que nos faltava de plano compensamos com o otimismo.

Hoje, 21 anos depois, temos 300 colegas (a que chamamos de ?What If!ers) e escritórios na Ásia, na Europa e nas três Américas. Ao longo das duas últimas décadas, trabalhamos com centenas de empresas excelentes, ajudando-as a despertar e manter uma mentalidade de negócio radicalmente inovadora. Formamos parcerias com algumas das empresas mais ambiciosas do mundo na maioria dos setores do mercado — todas elas com o desejo de acelerar o crescimento por meio da inovação. Concluímos mais de 5.000 compromissos de inovação em 45 países ao todo e orientamos mais de 50.000 pessoas a ajudar a fortalecer os músculos da inovação.

Mas quando começamos não éramos tão bons assim. Olhando agora para o passado, estremeço só de pensar em como éramos ingênuos. Nossa primeira missão não agradou nosso cliente. Estava na cara que não havíamos passado tempo suficiente na residência dos consumidores, não havíamos desenvolvido um argumento comercial para respaldar nossas ideias e não compreendíamos o que motivava justamente as pessoas dentro da empresa que tinham de dizer "sim" para a ideia. Frustrados — em um bar decadente no norte de Londres —, eu e Dave rascunhamos de que forma reagiríamos ao que parecia um desastre. Não sabíamos disso naquela época, mas estávamos nos comprometendo com os princípios centrais da inovação que se tornariam o alicerce de nossa empresa. É uma pena que eu tenha perdido aquele pedaço de papel; mas foi este o consenso a que chegamos:

- A criatividade em si é inútil. O sucesso do lançamento comercial de uma ideia é tudo o que importa.

- Entender de que forma os consumidores vivem a vida real, não apenas como eles reagem diante de uma determinada categoria, é fundamental.

- Sempre transformaremos ideias em realidade e nos esforçaremos para não cairmos nos jargões empresariais de nossos clientes.

- Em toda atribuição em que trabalharmos, experimentaremos uma nova forma de encontrar inspiração.

- Finalmente, inovação tem a ver com comportamento — como reagimos às ideias uns dos outros, como criamos a expectativa de que "interviremos" em uma ideia e até que ponto seremos rígidos uns com os outros quando acharmos que a ideia do outro é ruim.

Esses princípios mantiveram-se bastante fiéis ao longo desses 21 anos. Ao longo do caminho, formamos uma equipe brilhante que nos ajudou a desenvolver nossa abordagem, contrato após contrato, ano após ano.

Existe uma coisa que sempre considerei fundamental para o desenvolvimento de um negócio — a paranoia. É sério, acho que ter paranoia é uma boa coisa. Sempre fui criticado por me indignar com as coisas ao meu redor; não me importo. Acho que é bom sempre ficar à espreita; gosto de ficar o tempo todo inquieto. Gosto de pessoas inquietas — que sempre experimentam coisas novas e nunca se sentem saciadas.

Por isso, na ?What If! experimentamos quase todas as ferramentas, estruturas, comportamentos e filosofias de inovação — chame-as do que você quiser, já experimentamos. Há vinte anos começamos a recrutar consumidores supercomunicativos de vários idiomas, formamos grupos e os treinamos para que se tornassem criativos. Desenvolvemos uma filosofia autóctone que exigiu, literalmente, que nos mudássemos e vivêssemos com os clientes. Começamos recrutando o que chamamos de "especialistas ingênuos" — pessoas com conhecimentos específicos, mas surpreendentemente úteis para os nossos clientes. Banimos o emprego dos jargões internos de nossos clientes e nos obrigamos a empregar apenas a linguagem que os respectivos consumidores usariam. Fomos os primeiros a promover reuniões com os clientes em ônibus, quartos, cozinhas — qualquer lugar que melhorasse nossa conexão com a "realidade".

Em meados da década de 1990 já havíamos estabelecido uma equipe de "realidade", cujo trabalho era traduzir ideias em objetos físicos, imediatamente. Nunca chamamos nada disso de "etnografia" ou "prototipagem" ou "centralidade no cliente"; para nós, isso foi apenas um enorme ciclo de experimentos para encontrar a melhor maneira de inovar. Em 1996, começamos a treinar nossos clientes em técnicas de inovação e de pensamento flexível. Muitos de nossos princípios de inovação estão incorporados nos programas de treinamento e desenvolvimento das empresas mais prósperas do mundo.

Dez anos atrás começamos a perceber o quanto o mundo da inovação estava se tornando estimulante. Ainda que tenha sido útil ler a respeito de empresas que estavam realizando coisas excelentes, era muito mais impactante visitá-las e ouvir dos próprios diretores como a inovação de fato funciona. Criamos nossas viagens de estudo denominadas "Top-Dog" e até o momento já promovemos experiências de imersão intensa para mais de 400 altos executivos. Visitamos mais de 50 organizações classificadas como as principais inovadoras do mundo. Observamos empresas de perto e pessoalmente, como Google, Apple, WL Gore, Walmart, Lego, IKEA e muitas outras. Depois de cada viagem, trabalhamos com os vinte e poucos executivos participantes com a intenção de condensar o aprendizado. Visitamos literalmente o mundo inteiro em nossa busca por **excelência em inovação**.

Uma das coisas que insistimos durante nossas visitas é que os líderes da empresa falem informalmente e verdadeiramente sobre suas lutas para inovar. Nós os incentivamos a visitar os bastidores, os depósitos, a cantina dos funcionários ou o cais de carga, e aí fazemos perguntas aos funcionários para saber se o que estamos ouvindo é condizente. Essas visitas, e as discussões que elas geraram, trouxeram à tona nuances fascinantes com relação a como a inovação realmente ocorre.

Não faz muito tempo, em vista da maior ambição de nossos clientes pela inovação, nosso trabalho ampliou-se para a escala de transformação organizacional. Como uma grande empresa pode começar a trabalhar com agilidade? Como ela pode fazê-lo dia após dia? Os anos que passamos nas minas de carvão da inovação concederam à nossa abordagem sobre estabelecimento de agendas em níveis de liderança, programas educacionais e projetos de inovação uma perspectiva exclusivamente prática.

Inovação: sorte ou planejamento inteligente?

Essa pergunta é fascinante. Pergunte a qualquer inovador corporativo bem-sucedido se ele planejou sua inovação, e a resposta honesta normalmente será uma mistura de pensamentos brilhantes, uma imensa dose de determinação e ousadia, e um grande golpe de sorte ou serendipidade.

Para entendermos o significado real do conceito de serendipidade precisamos retroceder a uma história de mil anos atrás que emana do Oriente e foi recontada várias vezes ao longo dos séculos.

O conto é encantador. Três príncipes de Serendip (hoje conhecido como Sri Lanka) foram enviados pelo pai, o rei, a uma viagem para testar se eles eram adequados ao trono. Pelo caminho, eles conheceram um condutor de camelo que lhes perguntou se eles haviam visto o animal perdido. Os três príncipes conseguiram descrever detalhadamente o camelo: "Seu camelo é cego de um olho, tem um dente faltando e está transportando manteiga e mel." A descrição foi tão precisa que eles se tornaram suspeitos e foram colocados na prisão. Posteriormente, eles foram perdoados porque ficou claro que eles haviam apenas associado várias observações distintas e acabaram gerando uma história misteriosamente precisa.

Essa descoberta, aliás, é bem parecida com a que eu chamaria de serendipidade, uma palavra extremamente expressiva."

Durante a viagem, os príncipes observaram que a grama havia sido comida em apenas uma das margens e concluíram que um animal cego de um olho havia feito aquilo. A grama estava espalhada de forma desigual, possivelmente um dente estava faltando. E as formigas em um dos lados da estrada indicavam a presença de manteiga e as moscas, do outro lado, de mel. A história prossegue, seguindo esse mesmo estilo. A cada virada, vemos os príncipes astutos combinarem observações aparentemente casuais — coisas que muitas pessoas não observariam — e transformá-las em algo mais significativo.

Esse conto era popular na agitada metrópole de Veneza no século XVI. Sou capaz de imaginá-la como um tipo de história de detetives do passado; viradas e raciocínios inteligentes bastante apreciados durante a Renascença. Na língua inglesa, a palavra serendipidade (*serendipity*) surgiu em um período relativamente recente — há 250 anos. Ao que se sabe, ela foi empregada pela primeira vez por Horace Walpole, filho de um primeiro-ministro e literato. Em 1754, ele se refere aos três príncipes de Serendip dizendo que eles "sempre faziam descobertas, acidentalmente ou por sagacidade, de coisas que não procuravam" e que: "Essa descoberta, aliás, é bem parecida com a que eu chamaria de serendipidade, uma palavra extremamente expressiva."

Muitos dicionários definem serendipidade como a ocorrência de eventos acidentais, de uma forma feliz ou proveitosa — uma "descoberta feliz". Essa definição parece deixar implícito que a serendipidade é puramente uma casualidade ou um tipo de coisa aleatória. O elemento "sagacidade" que Walpole mencionou parece ter sido esquecido.

A definição de serendipidade que estou utilizando pressupõe um resultado feliz e proveitoso que pode ter sido inesperado, mas não foi descoberto por puro acaso. O que parece sorte — uma "descoberta feliz" — na realidade é algo arduamente alcançado.

O que parece sorte — uma "descoberta feliz" — na realidade é algo arduamente alcançado."

Esse conceito parece ser totalmente apropriado à verdadeira sensação de inovar. Inúmeras histórias de inovações que foram bem-sucedidas envolveram pessoas esforçadas e que se dedicaram a uma missão. Seu objetivo exato pode ser um pouco indistinto, mas elas estavam determinadas a corrigir o que estava errado e, como disse Steve Jobs, deixar "uma marca no planeta". Essas pessoas obviamente consideraram diversas possibilidades em sua busca. Talvez elas tenham ampla experiência ou talvez dispunham uma equipe diversa e talentosa a seu lado. Quanto mais elas saem por aí e preenchem seu arquivo mental de estímulos provocativos, mais estão propensas a distinguir padrões e a fazer algumas correlações interessantes. Isso exercita o músculo da intuição; em pouco tempo elas ganham confiança em seus instintos. Louis Pasteur estava consciente disso quando disse que: **"O acaso só favorece a mente preparada"**.

Preste atenção ao que os inovadores dizem sobre o que sentiram ao longo de sua trajetória. Somente eles sabem o quanto se esforçaram para fazer uma nova conexão e quantas conexões não produzirão nada de valor. Apenas eles sabem o quanto prepararam adequadamente sua equipe para que assim, quando uma oportunidade aparecesse, conseguisse distingui-la imediatamente e transformá-la em alguma outra coisa. A sorte para eles não existe — é um conceito ilusório e afável. Eles construíram seu próprio sucesso. "Sorte" é o rótulo dado pelo espectador.

Serendipidade é mais do que apenas se preparar para que as grandes correlações se tornem mais plausíveis; isso também produz resultados. Você não consegue ser serendipitoso ou inovador se não souber lidar imediatamente com as conexões que acaba de fazer. Pense nisso como um jogo de dois tempos. Primeiro, colidimos com o máximo possível de estímulos; depois, adotamos uma conexão e fazemos algo em relação a ela. É por isso que a serendipidade se amolda tão bem com a inovação e não com a criatividade. Topar com uma nova conexão pode ser o que alguns chamam de "criatividade", mas comercializá-la é completamente diferente. Isso é inovação e esse é o jogo no qual estamos interessados.

Quanto mais pratico, mais sorte tenho."

Créditos variados

De cara com a sorte

É agosto de 1993, 12 voluntários do sexo masculino relataram os efeitos de um novo possível medicamento para angina a uma médica e pesquisadora adjunta da Pfizer em Cardiff, País de Gales. Um dos homens disse algo incomum: a ocorrência de ereções frequentes e prolongadas. Depois que ele quebrou o gelo, todos os outros concordaram em uníssono.

Desconcertada, a médica explicou essa descoberta inesperada ao cientista que liderava os ensaios, dr. David Brown, químico e pesquisador titular da Pfizer. Quando ela lhe relatou o caso, Brown sentou-se, altivo... Ele sabia que estava, por assim dizer, diante de algo grande e importante. Mas ele não fazia nem ideia de que descobriria o Viagra, um futuro sucesso de US$ 30 bilhões.

Depois de certa persuasão, Brown conseguiu um prolongamento para dar continuidade aos ensaios — no hospital Southmead, em Bristol, na Inglaterra, onde havia uma unidade de especialistas em disfunção erétil. Nessa etapa, os voluntários receberam um dispositivo denominado "Rigiscan" (por favor, use sua imaginação) e foram solicitados a assistir a filmes pornográficos. Depois, eles receberam permissão para levar comprimidos para casa com objetivo de ver como isso funcionaria em condições mais normais.

Uma semana depois, quando eles voltaram para relatar os resultados, algo inesperado aconteceu. Muitos deles se negaram a devolver os comprimidos, argumentando que haviam melhorado radicalmente sua vida sexual. "Foi muito aviltante e gratificante ver como aqueles homens estavam mais felizes", afirmou dr. Brown. "Eles disseram que depois de muitos anos tiveram pela primeira vez uma vida sexual normal com a esposa", declarou dr. Brown.

Finalmente, eles foram persuadidos a devolver os comprimidos com a condição de que, da próxima vez que houvesse ensaios clínicos, eles estariam entre os primeiros a serem recrutados. Essa foi uma promessa que Brown e sua equipe conseguiram cumprir muitos meses depois. Segundo Brown: "O projeto saiu de uma fase em que estava quase morto e passou a ser a principal prioridade em nível global, um programa de desenvolvimento completo." As expectativas eram tão grandes que, quando o Viagra foi finalmente lançado em 1998, o preço das ações da Pfizer dobrou de valor. Durante os anos seguintes, a Pfizer tornou-se a maior empresa farmacêutica do mundo e também, por algum tempo, a empresa mais valiosa do mundo em capitalização de mercado.

Precisamos examinar mais a fundo a fim de compreender a natureza inesperada (serendipitosa) dessa história. Uma confluência de acontecimentos contribuiu para que Brown identificasse o potencial do medicamento para angina.

Primeiro: muitos anos antes Brown não conseguiu obter o apoio da Pfizer para iniciar um projeto de pesquisa para ajudar os homens que sofriam de disfunção erétil, ainda que tivesse tentado. A única ciência conhecida na época o levou a sugerir uma droga que agisse diretamente no cérebro e promovesse excitação sexual. De acordo com Brown: "Esse conceito era muito perigoso e, com razão, não recebi o sinal verde." Embora estivesse liderando um projeto para angina, estava ciente da oportunidade comercial da disfunção erétil e seguro de que um medicamento para isso não poderia atuar sobre o sistema central — em outras palavras, o cérebro.

Segundo: suas salas e laboratórios estavam, conforme suas palavras "(...) velhos e dilapidados. Estávamos espremidos em um espaço relativamente pequeno com toda uma equipe de químicos e biólogos esbarrando uns nos outros o tempo todo, o que, felizmente, promoveu trocas constantes de informação, ideias e pontos de vista, sem a necessidade de reuniões formais (...) de certa maneira aquele edifício coincidiu com a época em que a Pfizer teve suas melhores inovações." Inevitavelmente, foi em uma conversa de corredor que dr. Brown ficou sabendo de uma nova descoberta científica da função bioquímica de um gás chamado de óxido nítrico. Até o momento ninguém havia suspeitado de sua capacidade para dilatar os vasos sanguíneos do corpo cavernoso — os vasos do pênis que se abrem durante a ereção.

O Viagra, nome pelo qual se tornou conhecido, potencializava a ação do óxido nítrico. Isso significava que dr. Brown e seus colegas Nicholas Terrett e Andy Bell foram capazes de extrair conclusões quando ficaram sabendo desses efeitos colaterais inesperados. Se isso tivesse ocorrido alguns anos antes, ele não teria sido capaz de entender a relação entre a farmacologia e as alegações de vigor sexual dos homens.

Com base em sua proposta anterior relacionada à disfunção erétil, ele também sabia que a Pfizer apoiaria um medicamento de ação periférica e não central. Em outras palavras, os homens precisavam estar sexualmente excitados para que a ciência funcionasse, e não esperar que a ciência os fizesse se sentir excitados. Quando os resultados foram divulgados em Cardiff, dr. Brown sabia não apenas por que o medicamento gerava ereções, mas imaginou que a Pfizer apoiaria a ideia.

David Brown, que leva o crédito de coinventor do Viagra na patente da Pfizer, foi também providencial no desenvolvimento de dois outros medicamentos de sucesso da empresa e, alguns anos depois, tornou-se diretor global de descoberta de medicamentos na Hoffman La-Roche

> na Suíça, liderando as iniciativas de 2.000 cientistas. Hoje, ele dirige várias *start-ups* de biotecnologia em Cambridge, na Inglaterra, e lembra-se dos dias em seu velho escritório em Kent com ternura: "Eles foram os mais desconfortáveis, porém os mais produtivos."

A história da descoberta inesperada do Viagra tem inúmeras lições para os inovadores. Se a proposta de dr. Brown não tivesse sido rejeitada em suas primeiras tentativas de trabalhar com disfunção erétil, se ele não tivesse trabalhado em um laboratório apertado — se essas coisas não tivessem acontecido, talvez a Pfizer nunca tivesse descoberto esse produto campeão. Mas Brown e a Pfizer não tiveram apenas sorte. Por ele estar preparado, o acaso o favoreceu!

Portanto, determinação, uma rede diversa, mas íntima, intuição e agilidade são conceitos encontrados em *Os Três Príncipes de Serendip*, um conto com 1.000 anos de existência, e na moderna invenção do Viagra. São esses os ingredientes para a inovação. Juntos, eles parecem contribuir para uma receita de inovação mais realista do que uma receita que declara que a inovação de certa forma é predeterminada por um excelente raciocínio estratégico e um rigoroso planejamento.

Não pense demais, não fale demais, apenas experimente

Inovação é extremamente social — muita coisa está associada à forma como as pessoas enfrentam os obstáculos juntas. Este livro posiciona os seres humanos, com todas as suas estranhas fraquezas, no centro do processo de inovação. Esse processo ocorre mais ou menos assim: encontre o tipo certo de pessoa e dê a ela um *briefing* restrito, mas que ao mesmo tempo ofereça muito espaço para a exploração. Em seguida, estimule todos aqueles envolvidos com a inovação a buscar *insights* provocativos e a fazer experimentos, em vez de falar sobre coisas geniais. Eles precisam, sobretudo, de bom humor para se levantar, sacudir a poeira e tentar outra vez. Com isso em mente, é assim que este livro flui:

- No Capítulo 1, **O Protagonista**, investigamos as qualidades de um inovador de sucesso em um ambiente corporativo. Chamei essa pessoa de "uma hora capitão, outra pirata". Essas pessoas são ao mesmo tempo visionárias e dissidentes. Removeremos sua maquiagem psicológica para entender por que elas são tão boas para aproveitar as oportunidades de inovação.

- No Capítulo 2, **A Busca por Provocação**, examinamos como alguns executivos atarefados saíram do escritório e adquiriram o hábito de fazer novas conexões. Esse é um processo que pode ser deliberadamente gerenciado, além de ser a matéria-prima para a serendipidade. Pense nisso como uma investigação prática sobre como "preparar sua mente" para que o acaso lhe favoreça.

- No Capítulo 3, **Transformando Ideias em Realidade**, analisamos detalhadamente o poder de escolha do inovador. A possibilidade de fazer uma série de miniexperimentos que evidenciem e comprovem que uma ideia é essencial para se poder valer da serendipidade. Examinamos a filosofia e a prática de transformar ideias em realidade desde sua formação inicial ao protótipo, ao piloto, ao lançamento e mais além.

- No Capítulo 4, **Processo de Colisão**, damos uma olhada em algo que é geralmente subestimado, mas que na realidade é o principal propulsor da serendipidade. Investigamos como o espaço físico ao nosso redor nos estimula a conectar (ou combinar) ideias e fortalece nossa confiança para desenvolvê-las ao longo do caminho até o lançamento.

- No Capítulo 5, **Combatendo a Máquina Corporativa**, abordamos o realismo político (*realpolitik*) da inovação: Que tipo de combate está à espera do inovador quando ele tenta combater a máquina corporativa? Esse capítulo, que traz várias histórias a respeito desse campo de batalha, é um guia de sobrevivência para extrair o máximo da serendipidade.

Este livro procura passar a mensagem de que você pode fazer sua própria sorte se estiver preparado para trabalhar com afinco e ser ousado.

Obviamente, existe um viés britânico neste livro — vivo em Londres, escrevo em inglês britânico e gosto de cerveja quente —, mas de fato acredito que a inovação afeta todos nós. É um fenômeno global. Vivi na Ásia e no Oriente Médio e trabalhei praticamente em todos os lugares. Existem algumas diferenças culturais claras em nosso método de fazer negócios com as quais muitos já estão familiarizados, mas inovar é um instinto básico como discutir, rir ou acariciar; todos nós fazemos isso mais ou menos da mesma maneira, sejamos de onde for. Charles Bezerra, um grande amigo e colega brasileiro de São Paulo, utilizou sua ampla experiência como especialista e autor para sugerir adaptações ao conteúdo deste livro. Portanto, se você estiver lendo este livro e bebericando uma batida em uma praia no Brasil, espero que ele lhe pareça tão relevante quanto se você estivesse em uma cafeteria em um dia chuvoso em Londres.

Neste livro empreguei as palavras "empresa" e "organização" de forma intercambiável. Os termos "cliente" e "consumidor" têm um significado diferente (o que compra e o que usa) e tentei utilizá-los de forma precisa.

Para finalizar, a inovação é alérgica ao exame de reflexão e pensamentos. Geralmente um conceito trabalhado e retrabalhado, discutido e rediscutido, pesquisado e repesquisado, transforma-se em algo absolutamente modesto. Ao longo do caminho, a centelha de uma ideia é apagada. A inovação é um **esporte de "movimento"** em que mergulhar e experimentar novas coisas é melhor do que ficar pensando ou falando durante muito tempo. Por isso, procurei deliberadamente fazer com que o conteúdo tendesse para a ação e não para a análise. Nos pontos em que foi possível, trouxe à tona as tensões e os estresses que os executivos sentiram enquanto tentavam fazer as coisas de uma maneira diferente — espero que saber que você não está sozinho o conforte.

Você levará 2h e 15 min em média para ler este livro — isso inclui um intervalo para tomar uma xícara de chá. Ou você pode ler tudo em duas semanas, lendo apenas dez páginas por dia. Assim que você colocá-lo de lado pela última vez, espero que pegue o telefone, ligue para seus colegas e que juntos se dediquem a alguns dos exercícios e atividades que compartilharei com você. Mais do que tudo, você não deve ter medo de experimentar; reconheça que você não acertará em tudo e que o insucesso, em breve, esculpirá uma vitória maior.

Para obter mais informações, visite www.whatifinnovation.com.

> *Serendipidade é procurar uma agulha no palheiro e encontrar a filha do fazendeiro."*
>
> Julius H. Comroe

1
O Protagonista
"Uma hora capitão, outra pirata"

Em 30 segundos

Se você tivesse apenas 30 segundos, eu lhe diria:

Todas as inovações são movidas e alimentadas por emoções humanas: raiva, paranoia ou ambição.

◆

Um excelente processo de inovação nunca compensará habilidades de inovação insatisfatórias.

◆

O perfil do inovador ideal é "uma hora capitão, outra pirata" — é alguém que respeita a organização em que trabalha, mas não a venera.

◆

Os inovadores são exageradamente ambiciosos e rompem implacavelmente as fronteiras de uma maneira que nem sempre faz sentido.

◆

Mas não são egomaníacos; eles sabem quando silenciar e ouvir.

◆

Eles pesquisam o mínimo possível e são suficientemente autoconfiantes para sustentar seus pontos de vista.

◆

Eles trabalham em equipe; mais do que isso, são colaborativos.

◆

Eles são sociáveis e capazes de guiar outras pessoas entre um mundo expansivo de ideias e um mundo reduzido de decisões.

◆

Eles não são necessariamente criativos, mas são bons finalizadores.

Faz um ano que Art trabalha como diretor executivo de inovação (*chief innovation officer* – CIC) de um banco global. Ele supervisiona um fluxo de aproximadamente 20 empreendimentos inovadores ao redor do mundo, todos gerenciados por uma equipe que trabalha de acordo com seu próprio P&L. Cada vez mais, os esforços de Art para dirigir os processos internos da empresa e fazer com que essas iniciativas deslanchem depararam-se com a **indiferença** e, algumas vezes, a **hostilidade**. "É como se eu estivesse colocando um bebê em um ringue de boxe", diz Art a respeito das ideias pelas quais sua função é lutar. "Esses projetos precisam de mais investimento e proteção." Art começou a se perguntar sobre o quanto esse banco realmente deseja inovar e — em seus momentos de maior incerteza — por que afinal ele aceitou esse emprego.

Lillian é diretora de *marketing* de uma das marcas mais vendidas de uma empresa farmacêutica global. Com apenas oito anos de rendimentos protegidos por patente sob suas rédeas, ela sabe que seu foco deveria ser criar novas formas de ampliar o alcance dos medicamentos. Mas ela simplesmente parece não encontrar tempo para isso: "Sinto-me pressionada pela necessidade constante de atender à alta administração", diz. "Todos os dias um funcionário novato me pede para preparar um resumo de uma página para alguém importante de não sei onde. O que tenho de fazer é sair deste escritório e entrar no mercado de trabalho, onde possa fazer diferença", afirmou Lillian. Em vez disso, ela e seus colegas passam a maior parte do tempo presos em reuniões ou criando planilhas para justificar os investimentos da empresa em inovação.

John administra o Centro de Inovações de uma grande empresa multinacional de produtos embalados. Ele conduz o desenvolvimento em todas as áreas de atividade de um grupo de marcas e supervisiona uma ampla equipe de cientistas de pesquisa, desenvolvedores de novas embalagens e profissionais de *marketing*. Recentemente, depois de um lançamento de produto particularmente difícil, sua empresa decretou um **"protocolo de inovação"**. Agora todo projeto deve transpor uma série de barreiras. Cada barreira acaba tomando um dia inteiro de reunião de avaliação — uma circunstância que exige semanas de papelada e preparação. Os manda-chuvas esperados para essas reuniões têm seus compromissos agendados com até um ano de antecedência. John não se importa em ter de refletir sobre as coisas, mas sua intuição lhe diz que inovação não funciona desse jeito. "É como se a empresa tivesse uma dessas grandes engrenagens de tomada de decisões que giram muito lentamente", diz ele. "Não passo de uma pequena engrenagem chamada inovação e pareço não encontrar um jeito de me sincronizar com a grande engrenagem", complementou John. Para piorar ainda mais a situação, a equipe de John está começando a abandonar o barco para trabalhar em empresas concorrentes menores e menos sistematizadas.

Histórias como essas são muito comuns. Basta examinar os bastidores da inovação para encontrar pessoas frustradas, impacientes e ambiciosas. É essa energia humana que alimenta a inovação; **pessoas que despertam pessoas**. Raramente, quando muito, alguém diz que foi o processo ou a estrutura organizacional que **"fez a coisa acontecer"**. Os **protagonistas**, aqueles que incentivam e desincentivam novas ideias dentro de uma grande empresa, precisam ter algumas qualidades especiais para sobreviver aos combates que enfrentarão. Precisam de uma dose absurda de ambição. Precisam ser humildes o suficiente para saber que não têm todas as respostas e ainda assim confiantes o suficiente para se respaldar. Eles precisam não apenas saber trabalhar bem em equipe, mas ser colaborativos — e precisam ser competentes para fazer as coisas acontecerem.

Mas quem é louco o bastante para querer esse trabalho?

"Uma hora capitão, outra pirata"

A maioria dos inovadores bem-sucedidos de empresas de grande porte que conheci, tanto diretores de inovação, membros de equipes de inovação ou pessoas que não trabalham especificamente com inovação, mas estão implantando pela primeira vez grandes mudanças um uma empresa, têm algo em comum: eles **respeitam** a organização em que trabalham, mas **não** a **veneram**. Como inovadores, eles querem que a empresa tenha melhor desempenho, mas ao mesmo tempo estão insatisfeitos com o *status quo*. Rola uma espécie de **"amor e ódio"**. Mas o amor em excesso transforma o inovador em um "subserviente" ineficaz e o ódio em excesso mais dia menos dia o torna um "lobo solitário" inútil.

Trata-se de um jogo de malabarismo delicado. Refiro-me à pessoa que sabe lidar eficazmente com essa situação como **"uma hora capitão, outra pirata"**. Em um momento o líder de inovação é o capitão, o cara entusiasmado que tem o plano, fica a postos na torre de comando do navio e inspira todos nós a seguir **"aquela direção"**. Contudo, na próxima vez em que você o encontra, vê que o capitão se transformou em pirata. Nesse momento ele se encontra na sala de caldeiras, de mangas arregaçadas, com colegas de bordo reunidos ao seu redor, usando toda a sua perspicácia para encurtar o processo, para derrubar o sistema. Agora nosso protagonista está fazendo perguntas realmente desafiadoras: "E se tivéssemos feito diferente? E se mudarmos completamente a forma como as coisas são feitas aqui? E se?"

Portanto, uma hora o líder de inovação se fixa obstinadamente ao quadro geral; outra hora ele lhe diz para não se desgastar com coisas pequenas. Acho que essa mistura intrigante de visão e astúcia deriva do fato de os inovadores bem-sucedidos serem obcecados por resultados. Eles têm extrema motivação por fazer as coisas acontecerem — tanto que muitas vezes não se preocupam muito em saber como chegarão lá.

Estas são as qualidades de um líder "uma hora capitão, outra pirata":

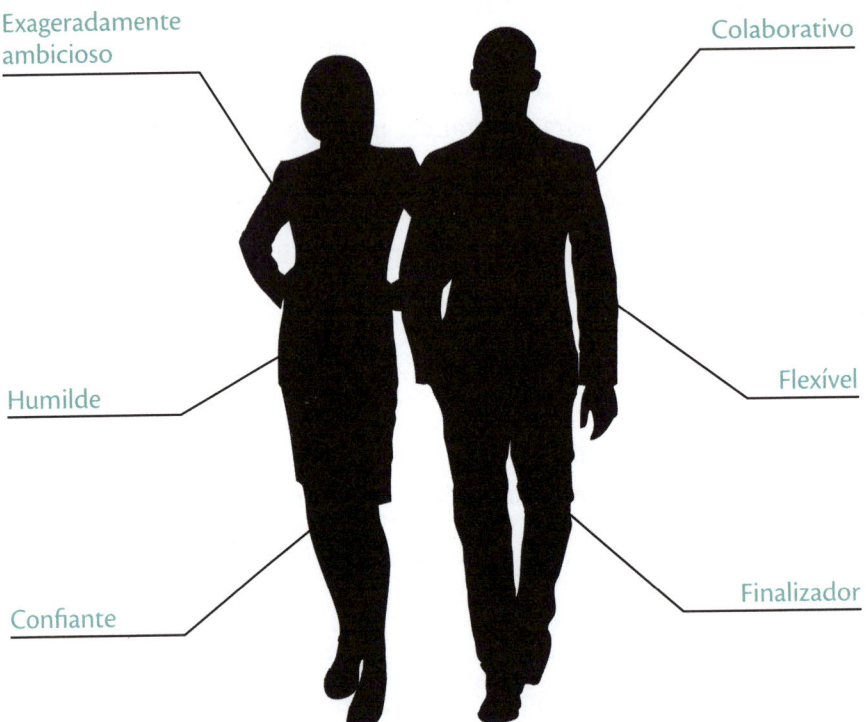

Para dizer a verdade, nunca conheci alguém que fosse brilhante em todos os traços de "uma hora capitão, outra pirata". O segredo é reconhecer em que ponto você ou sua equipe são frágeis e sempre tentar desenvolver novas capacidades ou encontrar pessoas que compensem as fragilidades.

Exageradamente ambicioso: **sempre rompendo fronteiras**

A inovação começa com uma pessoa que atira uma pedra bem longe. Os inovadores são bons nisso. Eles sabem que ampliar metas — estabelecendo alvos que vão além de seus próprios limites — gera **melhor desempenho**.

Eles sabem que sua equipe, sua marca ou sua organização precisam trabalhar rumo a uma situação verdadeiramente estimulante. Sem isso, será muito difícil fazer qualquer coisa além de **melhorias incrementais** — isto é, pequenos contornos e ajustes.

A **inovação** é literalmente instigante. A ambição do líder de inovação e de sua equipe precisa de certo grau de insensatez, de um sentimento de "Nossa, você só pode estar brincando.. como é que vamos fazer isso?". Os inovadores bem-sucedidos de empresas de grande porte não têm medo de assustar as pessoas. Quando se veem rodeados de pessoas céticas, dão um sorriso largo — eles sabem que estão na trilha certa.

> Axe, ou Lynx, dependendo do lugar em que você vive, é uma das principais marcas da Unilever e exemplifica bem essa mentalidade. A linha de produtos de beleza Axe incluem desodorantes corporais, desodorizantes, antitranspirantes, géis de banho, xampus e produtos elegantes que afirmam "dar autoconfiança aos rapazes quando o assunto é conquistar uma menina".
>
> Em 2002, inspirado pela cena do filme *Matrix* em que se oferece ao protagonista a opção de tomar uma pílula que mudará sua vida, o recém-nomeado diretor de marca da Unilever, Neil Munn, criou a "República Axe". Tratava-se de uma cultura de marca nova e arrojada dentro da Unilever, que tinha sua própria "identidade de machão". "Precisávamos de paredes", disse Munn. "Lá dentro havia nossa vibração, nossa pulsação." Estimulada pelo entusiasmo de ser uma equipe renegada, empenhada em ajudar os rapazes a prosperar no jogo de sedução, a Axe experimentou um sólido crescimento ao longo dos anos, com uma leva após outra de propagandas premiadas que impulsionavam novos produtos de sucesso (como o gel de banho antirressaca que "elimina a noite do seu organismo").

Obviamente, essa jornada de inovação não foi um mar de rosas. Em seu rastro há comerciais de televisão descartados e proibidos. Por mais de uma vez a Unilever se desculpou *on-line* por ter ido "longe demais" com a Axe, garantindo desse modo extrema admiração entre os garotos ao redor do mundo. Como a Unilever, uma empresa gigantesca, famosa por suas marcas de produtos domésticos como Surf, Omo e Knorr, conseguiu gerar essa tribo inconformista e dissidente?

> *Para ser empreendedor em uma grande empresa, não se pode ter medo de partir.*

Munn, que deixou a marca em 2006, diz: "Precisei defender a marca, e meu chefe (o presidente do segmento de desodorantes da Unilever) teve de me dar cobertura. Sem isso não teríamos espaço e confiança para exibir nossa força e experimentar — a marca tem tudo a ver com determinação." Munn criou também um ambicioso e poderoso artifício metafórico que se tornou um ícone em toda a empresa: em vez de apenas "juntar-se à equipe", os novos membros tinham de concordar em "tomar a pílula vermelha", que é um compromisso para um processo de decisão rápido e audacioso, exercido diariamente na República Axe (isto é, nos escritórios da marca ao redor do mundo), em que não se espera que as decisões sejam seguras. Agindo de uma maneira característica, Munn uma vez apresentou seu plano anual em vídeo enquanto recebia massagem; uma atitude incomum, mas totalmente apropriada para a marca.

Concluindo, Munn admite que em vários momentos pensou ter impelido a nave-mãe longe demais, mas "para ser empreendedor em uma grande empresa, não se pode ter medo de partir", diz ele, "a dinâmica nas megacorporações não se fundamenta em decisões rápi-

> das, e por isso nossa visão era de que continuaríamos fazendo nosso trabalho, a menos que nos mandassem parar, o que nunca ocorreu".

As grandes empresas são como navios cargueiros. Eles precisam ser previsíveis porque os comandantes não gostam de surpresas. São ótimas para se mover em uma única direção e a uma velocidade constante, mas geralmente são ineficientes para fazer manobras rápidas e explorar novos mares. A história da Axe é extremamente instrutiva. Ela nos diz que a inovação precisa de um grupo rebelde empenhado em fazer as coisas de uma maneira diferente; pense nisso como uma contracultura. Como essas equipes rebeldes fazem "compressões fortes e rápidas", o que quer que elas propuserem soará exageradamente ambicioso.

A história da Axe é também um lembrete de que talvez seja mais eficaz expressar metas inovadoras em termos humanos do que por meio de uma complexa terminologia de negócios. Pense em Steve Jobs dizendo aos membros de sua equipe que eles **"deixariam uma marca no universo"**. Ou em um dos meus exemplos favoritos, Victoria Beckham. Quando ela começou sua carreira com as Spice Girls (conhecida como Spice Chique), ela prometeu ao mundo que seria "tão famosa quanto o Persil Automatic". O Persil, uma megamarca global de sabão em pó, foi uma boa comparação. Se ela tivesse escolhido ser tão famosa quanto uma renomada estrela de cinema, seu objetivo poderia ter soado arrogante. A escolha do Persil Automatic é fácil de entender, tem charme, é memorável e soa autêntica. Os empresários que tomem nota — as lições provêm dos lugares mais improváveis.

É um grande desafio para um líder de inovação expressar seus objetivos:

- por meio de uma linguagem franca e coloquial;

- de uma maneira mensurável ou comparável;

- com apelos aos instintos humanos básicos: vencer, destruir o inimigo, tornar o mundo um lugar melhor, ficar extremamente rico.

Isso quer dizer que, para liderar de forma bem-sucedida uma inovação, o protagonista precisa ser uma personalidade carismática e grandiloquente? Obviamente, minha resposta é **"Não"**. Muitas pessoas que conseguiram inovar em uma grande empresa se esforçam para manter sua rede de contatos e permitem que outros recebam os aplausos. Os líderes de inovação podem ser como as pessoas que ficam nos bastidores, refletindo profundamente sobre o próximo ato.

> As sandálias Havaianas já existiam no Brasil desde 1962, e era percebida como uma marca para classes sociais mais baixas. Por volta de 1994, com um trabalho de reposicionamento, uma impressionante transformação começou acontecer com esta marca, que hoje é bastante associada ao Brasil.
>
> Com a missão de explorar o mercado exterior, a então diretora de comercio internacional da Alpargatas, Angela Tamiko Hirata, escolheu as Havaianas como principal produto para um ousado plano de internacionalização. Angela identificou que não existia uma marca forte e global de sandálias de dedo, que as Havaianas transmitiam uma mensagem democrática e que tinha um grande potencial de ser uma marca originalmente brasileira. E assim, com o apoio e a visão do CEO na época, Fernando Tigre, e o diretor de Produção Paulo Lalli, ela focou em seis países (EUA, França, Itália, Inglaterra, Japão e Austrália) como os influenciadores da transformação global que ela pretendia fazer. E, ao mesmo tempo, fez um trabalho com risco calculado na América Latina, onde países de perfis próximos ao Brasil poderiam consumir as sandálias em volume, gerando caixa sem machucar a marca que estava sendo criada nos países formadores de opinião. Entretanto, em curto espaço de tempo estes

países passaram a valorizar a marca, desejando o produto Havaianas e reconhecendo-o como produto de valor percebido.

Com ações no ponto de venda, no mundo da moda e o espontâneo apoio de algumas *supermodels*. No Oscar, convidados recebiam uma edição especial de Havaianas com cristais, ou ainda ela trazia os famosos jogadores de futebol brasileiros, além das *top models*, para os principais lançamentos nestes países. E assim, uma radical mudança de imagem começou acontecer. Com um *budget* (orçamento) limitado para mídia, a estratégia foi investir em parceiros que entendessem a linguagem da marca e fossem capazes de influenciar a construção de uma nova imagem.

Angela T. Hirata conta que foram inúmeras viagens a vários países para entender sobre as culturas locais e assim posicionar as Havaianas nos canais mais apropriados. Mas, para ela, os segredos desta transformação foram a confiança da liderança, uma equipe motivada e alinhada, um olhar para o consumidor, inovação e muito trabalho.

A nova direção, dando sequência ao projeto, abusou da criatividade e transformou as sandálias Havaianas em um ícone no Brasil e no mundo, criando parcerias com marcas de luxo e sendo um exemplo de inovação, não apenas em produto, mas também na comunicação.

Angela T. Hirata também demonstrou a importância de um sonho, de acreditar em algo, para depois convencer os outros, e na extrema disciplina que é necessária para **transformar** este **sonho** em **realidade**. Hoje, através dos projetos da Suriana, empresa de consultoria em negócios internacionais em que é sócia, Angela T. Hirata experimenta e efetiva a exportação de outros produtos *"made in Brazil"*, tais como os vinhos do Brasil, a soja não transgênica brasileira, os produtos típicos da nossa cultura em geral, visto que o sonho ainda não acabou.

Humilde:سabendo quando silenciar e ouvir

Os inovadores precisam de um equilíbrio saudável entre autoconfiança e insegurança. Eles precisam de grande ambição, mas de um ego pequeno. Não há ninguém mais perigoso do que o sabe-tudo; o cara que tem resposta para tudo.

Por isso, os inovadores têm de saber quando silenciar e começar a ouvir. Eles precisam ser suficientemente obstinados para formular uma hipótese, mas humildes o bastante para saber que sua ideia pode não ser a melhor ou que outra pessoa provavelmente conseguirá fazer melhor. Os inovadores são bons em alternativas — eles se acostumam a deixar de lado a ideia que parece mais promissora para procurar outra e em seguida mais outra. Isso significa que eles não podem ficar muito apegados às ideias. Eles precisam se contestar constantemente: **"E se houver uma saída melhor... vamos continuar, só mais uma ideia..."**.

Nós precisamos de bons ouvintes que considerem opiniões alternativas, mas não queremos pessoas que fiquem pulando de uma ideia para outra. Esse é um tema verdadeiramente estressante para os inovadores: **"Por quanto tempo devo continuar ouvindo? Quando devo dizer: 'Chega — temos opiniões suficientes, já decidi e vamos fazer assim?'"**. De acordo com minha experiência, no ambiente de trabalho as pessoas gostam de ouvir e agir na mesma proporção. Por isso não tenha medo de parar de ouvir e começar a agir.

Além disso, não é suficiente ser apenas um bom ouvinte; você precisa também de **reputação** para isso. Isso porque os inovadores precisam atrair ideias de todas as pessoas da **organização**. A experiência de discutir uma ideia com a equipe de inovação tem de ser positiva. Se a equipe tem má reputação como ouvinte, haverá pouco envolvimento ou ímpeto. Por isso, os critérios aplicados à "experiência" dos diálogos sobre inovação devem ser os mesmos que os aplicados, por exemplo, à experiência que nossos clientes vivenciam com os produtos que vendemos. Assim como um garçom em um restaurante **"serve bem"**, os inovadores devem **"ouvir bem"**.

Grande parte do nosso trabalho na empresa ?What If! é com clientes fundamentalmente diferentes de seus consumidores. Uma dinâmica comum é ter homens de meia-idade trabalhando na inovação de produtos para consumidoras jovens, executivos com experiência digital para consumidores tecnologicamente leigos ou graduados inteligentes para aposentados que ainda trabalham pesado. Nesses casos é importante ficar quieto, olhar, escutar e aprender com eles.

Quanto a isso, é mais fácil falar do que fazer. Ao acompanhar uma jovem mãe solteira às compras, um de nossos clientes, do tipo "cavalheiro galante", revelou inadvertidamente que havia carregado suas sacolas de compra enquanto iam para casa de ônibus e que havia conversado sobre suas férias recentes em uma estação de esqui. Percebemos que ele havia ficado muito nervoso por se encontrar com essa consumidora e que havia compensado o nervosismo **falando demais**. Consequentemente, ele acabou desperdiçando esse tempo. O desejo de ser agradável com frequência é maior do que a necessidade de ficar em silêncio e ficar em segundo plano.

Confiante: acreditar o suficiente para ser capaz de se defender

Inovação é um esporte de combate. Você precisa ter pele de rinoceronte para suportar as rajadas que certamente receberá para transmitir bem suas ideias na maioria das empresas. Esse não é um trabalho para pessoas que se sentem muito subjugadas com o que os outros pensam.

Grande parte do trabalho dos líderes de inovação é convencer pessoas do alto escalão com ideias que ainda não têm um sólido histórico financeiro ou tentar mobilizar pessoas que nem mesmo acreditam na necessidade de inovação. A inovação pode ser tão enervante e intimidante quanto é estimulante. Essa área exclui principiantes e favorece os que já estão "cicatrizados", os que são autoconfiantes e os que não têm medo de dar a cara a tapa.

Autoconfiança não é sinônimo de ego gigante. A maioria dos egos gigantes encontra uma carreira brilhante e desaba em algum momento. Confiança é aquela coisa que vem de dentro e lhe diz que o que você está fazendo está **"certo"**. O que dá força aos inovadores é a convicção de que o mundo pode ser um lugar melhor, mesmo que um pouquinho, e que eles têm como fazer isso acontecer.

Vamos dar uma espiada nos bastidores de uma empresa que evita as formas de pesquisa convencionais e que se esforça para ter **"convicção"** no que fazem.

> A ASOS, avaliada em 480 milhões de libras, é uma loja *on-line* de rápido crescimento do ramo da moda. Se você ainda não conhece a ASOS, ligue o computador e pesquise. Utilize o *notebook*, mas experimente comprar com seu *smartphone* como muito clientes fazem. Visite a seção Marketplace, onde boutiques independentes podem vender seus lançamentos mais recentes; e Fashion Finder, onde a ASOS o conduz para marcas e produtos que eles não vendem, mas acham que você terá interesse. Portanto, esse é o negócio mais quente do mundo da moda — o segundo *site* de moda mais visitado do mundo —, mas será que eles o estão levando para outro lugar?
>
> A ASOS carrega por volta de 1.500 novos itens semanalmente em seu *site*. Os fornecedores travam uma disputa para serem catalogados e o tempo necessário para preparar, fotografar e carregar cada produto é espantoso — apenas 8 min. A variedade é imensa; os corredores da matriz da ASOS em Londres estão fervendo com os últimos lançamentos e as modelos fazem filas para serem maquiadas. A ASOS atinge adolescentes ligados na moda de mais de 100 países. Em 2011, a empresa tornou-se o maior *site* da categoria na Austrália e Nova Zelândia, sem nenhuma loja, sem nenhuma propaganda e sem um só funcionário.

A ASOS está na confluência de duas megatendências: o rápido crescimento do poder aquisitivo dos adolescentes nos países em desenvolvimento e a incontrolável invasão dos *smartphones*. Quando um adolescente precisa enfrentar fila, fica entediado, não consegue dormir, fica chateado quando aguarda o ônibus, ou até mesmo quando vai ao banheiro, e aí surge o *smartphone*. E agora eles têm uma loja na palma das mãos com lançamentos todos os dias e, adivinhe, a ASOS entrega gratuitamente em todos os lugares do mundo — e se o produto não servir, você pode enviá-lo de volta sem pagar nada!

Nick Robertson é o diretor executivo (CEO) da ASOS e criador dessa ideia. Ele não precisa de pesquisas externas para saber o que as pessoas desejam. Ele tem a sorte de a maioria de seus funcionários ser seus clientes típicos, e eles têm liberdade para postar seus comentários sobre a empresa no Twitter. Como diz Nick Robertson: "Eu leio *blogs*, *tuítes* dos meus funcionários e outros *tuítes* — todos os *insights* estão lá, toda a estratégia de que precisamos."

Essa confiança em entender os consumidores é predominante: "Nós não temos uma estratégia aqui", diz Robertson. "Temos uma ideia flexível; ela não está imutável. Você se concentra em seus clientes e no que eles desejam e então pode erguer os recursos financeiros em torno disso", complementou o CEO.

Nick Robertson acrescenta: "É paradoxal, na ASOS, quanto mais oferecemos (gratuitamente), mais recebemos. O Fashion Finder e o Marketplace — essas decisões são fáceis quando você faz isso de coração. Outras empresas achariam isso muito difícil e chamariam de ruptura!" A verdadeira convicção em fazer o que é certo para o consumidor possibilitou que a ASOS inovasse e virasse as convenções do varejo de cabeça para baixo. Nick Robertson, sem dúvida, vê a ASOS mais como um movimento do que como uma "loja": "A ASOS é tanto uma loja quanto uma divulgadora e uma promotora da moda", explica Robertson.

Grande parte da confiança de Robertson provém da convicção em seus instintos. Ele precisou tomar muitas decisões sem contar com pesquisas de mercado, e teve sorte por ter tantos consumidores como funcionários e pelo fato de seu modelo de negócio permitir que ele elimine quase que imediatamente as linhas de pouca saída. Mas o princípio é universal: quanto mais um inovador é capaz de tomar decisões de acordo com seu próprio julgamento, mais instintivo ele se torna. Algumas organizações simplesmente têm muito dinheiro e cometem o erro de pesquisar coisas que não precisam ser pesquisadas. Na verdade, o que elas precisam é de alguém para tomar decisões!

> *Acredite em você mesmo. Você passa a vida inteira conversando com pessoas, e cada uma tem uma opinião diferente. É muito fácil ser desviado por isso. Você tem de saber aonde está indo. Procure no horizonte, e esse será seu destino. O tempo todo alguém lhe dirá que seu destino está errado, mas algumas vezes você deve acreditar em você mesmo."*
>
> Nick Robertson, em Jaffer e Bordell (2011)

Colaborativo: adotando elementos externos e diversos

Há uma diferenciação fundamental a ser feita entre trabalho em equipe e colaboração, mas essas palavras normalmente são empregadas como sinônimo. Não há dúvida de que a inovação precisa de pessoas que trabalhem conjuntamente como equipe, mas o que ela de fato necessita é que essas pessoas sejam capazes de **colaborar**, muitas vezes com contatos e organizações de fora da empresa — talvez concorrentes e fornecedores, talvez até pessoas com as quais a empresa nunca cogitou entrar em contato.

Pense em qualquer equipe de esporte — as vitórias com frequência resultam do trabalho em equipe, mas dizer que os jogadores "colaboraram" para a vitória soa estranho. Isso porque o trabalho em equipe tem limitações (a duração da partida é fixa, o tamanho do campo é fixo...), existem regras, cada jogador tem uma posição e o que estabelece a vitória é normalmente muito claro. Mas a colaboração opera em um ambiente diferente, em que os limites e as regras não são claros. Na verdade, as regras se revelam à medida que o projeto progride e as partes colaboradoras não têm uma ideia clara de como é a vitória — é algo que eles tateiam.

> *Com muita frequência, o trabalho em equipe lembra um grupo de pessoas educadas fazendo um progresso mínimo, ao passo que a colaboração, no todo, é um conceito mais robusto."*

Com muita frequência, o trabalho em equipe lembra um grupo de pessoas educadas fazendo um progresso mínimo, ao passo que a colaboração, no todo, é um conceito mais robusto que não tolera o que é mediano e gera grandes mudanças.

Colaboração significa reconhecer que você e sua equipe não têm todas as respostas. A verdadeira colaboração exige que todos os participantes se abram um pouco. Existe uma consequência tácita na tentativa de colaborar: você está dizendo: "Eu não consigo fazer isso sozinho. Eu não tenho todas as respostas. Será que podemos juntar nossas ideias e ver o que acontece?". Portanto, sentir-se vulnerável faz parte do comportamento de um colaborador.

Mas que aparência tem a colaboração na prática? Em primeiro lugar, os colaboradores dão muito valor à **multiplicidade**. Eles se circundam daquele tipo de "diferença" que lhes possibilitará contatos inesperados. Os inovadores têm muita tolerância para pessoas de diferentes culturas e com diferentes habilidades. Em geral, seu círculo de amigos, de conhecidos e de interesses é amplo. Eles são curiosos e, ocasionalmente, excêntricos. Em segundo lugar, na prática, a colaboração não tem fronteiras. Frequentemente os inovadores **olham para fora**, mais do que qualquer outra pessoa na organização. Eles se esforçam para promover elos fora da empresa e devem ser estimulados a fazê-lo. Se estiverem passando muito tempo dentro do escritório, isso significa que não estão fazendo seu trabalho direito.

> Um grande amigo me ajudou a salvar uma vida recentemente, e se tudo correr bem, ele salvará muitas outras. Dave Green é presidente da Escola de Biociências de Harvard, em Boston. Eles são os caras que desenvolveram e produziram o *kit* que ajudou a criar o primeiro implante de traqueia do mundo em um homem de 36 anos que sofria de um câncer terminal de traqueia "inoperável" (sua expectativa vida era de duas semanas). A cirurgia ocorreu em junho de 2011 na Suécia. Quando este livro estava indo para a gráfica, o paciente estava para comemorar o aniversário de um ano da cirurgia.
>
> Em poucas palavras, a ciência resume-se a: coletar células-tronco do quadril; criar uma réplica da traqueia em plástico esponjoso; cobri-la com as células durante dois dias, enquanto elas se disseminam, crescem e se combinam; remover a traqueia com câncer e substituí-la pela nova. Poucas semanas depois o paciente deixa o hospital. Uma sentença de morte revertida. Que poder tem a promessa de inovação!
>
> Dave conta a história de sua inovação da seguinte maneira:
>
> "Em 2004 comecei a me interessar pelo poder das células-tronco. Li muito sobre o assunto e me muni de todos os jornais científicos,

Dave Green

conferências e *mailings* imagináveis. Comecei a presidir a Conferência Anual de Ex-Alunos de Saúde Pública da Escola de Negócios de Harvard, algo que me possibilitou falar sobre meus interesses, encontrar-me com muitos especialistas da área e obter informações sobre o ramo de medicina, como aprovações da FDA (*Food and Drug Administration*, órgão dos EUA que certifica os remédios) e reembolsos do governo. Não tenho nenhuma formação em medicina, mas com o tempo me dei conta de que nossa empresa podia criar o aparelho necessário para criar órgãos extremamente fibrosos como a traqueia. Entrei em contato com o professor Paolo Macchiarini, cirurgião pioneiro nessa área, e sugeri que podíamos ajudar. Pouco tempo depois de sua simpática resposta por *e-mail*, lá estava eu em

> um avião para a Itália. O ano seguinte foi uma confusão para reunir especialistas da área, provenientes do mundo inteiro — a equipe incluía pessoas da Itália, da Espanha, do Reino Unido, do Irã, da Alemanha, da Suécia, da Islândia e dos EUA. Quando por fim fizemos o primeiro transplante de traqueia, havia mais de 20 pessoas na sala de cirurgia e muitas outras do lado de fora. Todas desempenharam um papel fundamental na inovação. Nenhum de nós conseguiria ter feito isso sozinho."

Observe a quantos pontos de referência externos Dave Green se refere em sua história: publicações, Internet, conferência, os cirurgiões mundialmente famosos e, finalmente, um pequeno exército de técnicos durante a cirurgia em si. Nessa história, todos os protagonistas desempenharam seu papel ao longo do caminho. Nenhum deles estava seguro do que ganharia com isso ou sobre como essa história terminaria. Green colocou os pés para fora do escritório, bateu às portas certas, entrou em um avião e fez o que era necessário para colaborar.

Flexível: transitar entre pensamentos expansivos e redutivos

Existem dois mundos entre os quais um inovador precisa sempre transitar. Chamaremos um deles de planeta Expande e o outro de planeta Reduz. Durante o processo de inovação orbitamos em torno de um planeta e depois em torno de outro. Enquanto giramos em torno no planeta Expande buscamos estímulos externos, procuramos alternativas e temos ideias. Derrubamos deliberadamente todas as barreiras e discutimos ideias. Isso pode ser muito divertido, mas ficar por muito tempo no planeta Expande pode levar a maioria das pessoas à loucura.

1. O Protagonista

Em algum momento precisamos lançar o foguete e escapar da pressão gravitacional do planeta Expande e aterrissar no planeta Reduz, também conhecido como "mundo real". Um lugar completamente diferente. Agora utilizamos nossa experiência para reduzir a quantidade de opções que criamos.

A viagem de um planeta a outro deve ocorrer muitas vezes durante uma conversa de 5 min e, provavelmente, centenas de vezes ao longo da vida de um projeto de inovação. Veja a seguir as etapas comuns de um projeto de inovação:

Acordo sobre as metas de crescimento da empresa
▼
Desenvolvimento de um instrumento oficial de inovação
▼
Seleção da equipe e desenvolvimento do processo de responsabilização
▼
Avaliação de oportunidades
▼
Pesquisa de dados e coleta de *insights*
▼
Criação e seleção de ideias
▼
Desenvolvimento de uma proposição, protótipos e pilotos
▼
Desenvolvimento de cenário de investimento, cadeia de abastecimento segura, tecnologia e distribuição
▼
Gerenciamento das partes interessadas (*stakeholders*) e início de um acordo

Esse processo parece muito lógico. Mas não se engane. A inovação não é um percurso linear tão claro e organizado quanto um diagrama pode levá-lo a acreditar. Você pode estar no meio do caminho, ficar sem dinheiro em situações críticas e inesperadas, o *briefing* muda e o processo precisa ser redesenhado. Essas são as realidades de um processo de inovação. E enquanto tudo isso acontece você está viajando entre os planetas Expande e Reduz. Gerenciar o exercício do processo de inovação contra esse provável cenário caótico é tarefa para pessoas com habilidades interpessoais bem desenvolvidas, capazes de mediar esses diálogos entre o estado expansivo e o redutivo.

Sinalização é o termo que utilizamos na ?What If!, e essa é uma técnica linguística simples utilizada para orientar o vaivém entre esses dois mundos da inovação.

Quando você tem consciência da necessidade do sinal, é fácil fazer e pode ter um grande efeito sobre o resultado de uma conversa íntima ou um diálogo em grupo. Vamos dar uma espiada em uma conversa imaginária entre o gerente de uma loja e seus funcionários:

Sinal (gerente):	*"Vamos esquecer por um minuto a forma como trabalhamos. O que poderíamos fazer para aumentar o empenho dos funcionários?"*
Resposta (funcionário):	*"Poderíamos trocar as funções dentro da loja uma vez por ano, apenas por um dia."*
Sinal:	*"Isso é interessante. E o que mais poderíamos fazer?"*
Resposta:	*"Poderíamos trocar de função com o chefe!"*
Sinal:	*"Muito bem, vamos trabalhar essa ideia."*
Resposta:	*"O chefe poderia fazer nosso trabalho, nós o avaliaríamos e daríamos nossa opinião no final do dia!"*

Sinal:	*"Temos que fechar essa ideia agora. Quem tem uma proposta para testarmos rapidamente essa ideia?"*
Resposta:	*"Acho que podemos começar testando a troca de funções apenas em um dos departamentos. Se isso funcionar, fazemos o mesmo em toda a loja. Finalmente, se isso também funcionar, convidamos o chefe para participar dessa dinâmica."*

A sinalização mostra às outras pessoas como você deseja que elas reajam. Você percebe como os sinais no diálogo anterior ampliaram e depois estreitaram a conversa?

Existe um momento crítico em todas as conversas criativas, que se segue desta forma:

"Tive uma ideia, mas ela ainda não está bem formada. Sei que ela pode parecer um pouco estranha, mas será que você poderia me ajudar a melhorá-la?"

Esse é um grande sinal que está dizendo: **POR FAVOR, NÃO JOGUE UM BALDE DE ÁGUA FRIA NESSA IDEIA**. Ignore esse conselho por sua conta e risco.

Outro sinal que ajuda muito em uma conversa é se assegurar de que a fase de expansão não dure para sempre:

"Gente, vamos discutir sobre isso juntos. Quero 20 ideias diferentes e radicais em cima da mesa. Quando conseguirmos, faremos um intervalo. Voltaremos em seguida e escolheremos uma ou duas que queremos levar adiante."

Pense na sinalização como as várias luzes indicadoras de um carro. Elas mostram aos outros motoristas suas intenções. Sem elas, as coisas poderiam ficar confusas. Todos nós já passamos pela experiência de tentar "encerrar" um debate enquanto o gênio solitário prossegue monótonamente em seu fluxo de criatividade — isso é muito frustrante. Igualmente perturbador é o "Sr. Preocupação", que não para de pedir provas enquanto o restante do grupo está explorando um mundo de possibilidades. Depois de dirigir por algum tempo, dar seta é automático. É a mesma coisa no processo de criação — em pouco tempo você nem se dará conta de que está fazendo isso.

Finalizador: uma motivação implacável para "atravessar a linha de chegada"

Qualquer inovador veterano já calejado lhe dirá: "Ter a ideia foi a parte mais fácil, mas introduzi-la no mercado foi o que quase me matou." Os **inovadores** precisam ser bons **finalizadores**. Eles precisam controlar mentalmente o final do jogo, **concentrar-se** e **arremessar**.

A pergunta que mais ouço sobre as pessoas que trabalham na área de inovação de grandes empresas é se elas precisam ser criativas. A criatividade de fato tem sim um papel importante na inovação. Ter habilidade para fazer as conexões que ninguém mais foi capaz é o **cerne da inovação**. Porém, embora as pessoas criativas apresentem inúmeras opções, nem sempre elas são capazes de arrematá-las. As grandes organizações têm pouca capacidade para lidar com opções; quando existem muitas iniciativas, o sistema **estanca**.

Por isso, a resposta é **"não"**, a criatividade não é um pré-requisito para um inovador, desde que ele perceba até onde vão suas limitações. Alguém capaz de fazer as coisas acontecerem e que consegue encontrar pessoas criativas para contribuir com seu talento — essa é a combinação ideal. Uma alternativa, um iniciador criativo que se cerca de bons finalizadores, pode funcionar em *start-ups*, mas se torna extremamente frustrante em grandes empresas quando os projetos se acumulam.

Uma das características do bom finalizador é ser também um bom **"desentupidor"**. Os inovadores são os **"encanadores mestres"** do mundo dos negócios. Eles compreendem as realidades políticas da organização em que trabalham e sabem quem eles precisam ter nas mãos para fazer com que as coisas sigam seu caminho tranquilamente ao longo do sistema. Os melhores inovadores com quem trabalhei lamentam a quantidade de processos com os quais eles têm de lidar. Eles se sentem frustrados com a avalanche de "coisas internas" que ocupa grande parte de seu dia. Mas eles desenvolveram mecanismos para lidar com isso; são bons para manter todos concentrados no lado humano da inovação — o **cliente**. Um bom inovador nos mantêm concentrados naquilo que queremos alcançar. Por esse motivo, as barreiras desaparecem.

> *Alguém capaz de fazer as coisas acontecerem e que consegue encontrar pessoas criativas para contribuir com seu talento — essa é a combinação ideal."*

O fantasma do processo de inovação que leva a um impasse assombra muita gente. Pessoas de todos os tipos e de todas as áreas em algum momento já bateram a cabeça contra a parede enquanto rezavam silenciosamente para que o chão se abrisse e os levasse para um lugar mais tranquilo. A frustração que sentimos quando as coisas não andam rápido o suficiente é incapacitante, mas inevitável, assim como a acne para um adolescente. A única forma de lidar com isso é respirar fundo, refazer-se e elaborar um **"plano desbloqueador"**.

Às vezes precisamos de uma drástica intervenção para desbloquear os canos entupidos. Um dos nossos clientes, um grande hospital, havia se deparado com um impasse enquanto planejava um novo sistema para o atendimento dos pacientes que chegavam. Muitos deles eram pacientes com ferimentos leves, mas a maioria retornava para tratamentos regulares. A recepção do hospital era uma bagunça, barulhenta e desorganizada — uma terrível experiência para qualquer paciente.

Tentamos resolver o problema durante meses, mas havia muitos interessados com pontos de vista conflitantes. Os médicos novatos queriam que as salas de consulta fossem utilizadas de acordo com o **esquema primeiro a chegar/primeiro a utilizar**. Os médicos veteranos queriam ter sua própria sala de consulta, independentemente de estarem ou não atendendo. Os recepcionistas queriam recrutar mais assistentes para levar amostras para o laboratório de patologia no sexto andar (a entrega interna demorava 24h), mas a administração queria reduzir o número de funcionários.

Chegamos a um impasse, mas felizmente o hospital tinha um "encanador mestre" de talento em sua equipe. A reunião seguinte, que na minha opinião todos nós estávamos temendo, acabou se revelando um grande sucesso. Nosso "superencanador" abriu a reunião nos apresentando a três pacientes. Eles ficaram ali de frente para nós e relataram calmamente o quanto sua experiência no hospital havia sido ruim, como aquilo havia afetado sua saúde e como suas famílias também tinham sofrido.

Essa foi uma experiência emocionante, e ficou claro que resolver o problema de vez era muito mais importante do que ficar discutindo entre nós. Em seguida, um novo sentimento de cooperação se estabeleceu. No prazo de algumas semanas já havíamos contratado um entregador para acelerar as análises patológicas, começamos a treinar recepcionistas para realizar a coleta de sangue quando os enfermeiros estivessem muito ocupados e, apesar de antes terem pedido consultórios particulares, os médicos veteranos concordaram com um esquema flexível e compartilhado das salas de consulta.

Inovação é um tema extremamente prático. Existem *flashes* de criatividade, mas na maioria das vezes precisamos passar longas noites no escuro martelando de que forma algo vai funcionar. Isso exige paciência e cooperação em torno de um mesmo objetivo. Um bom finalizador sabe identificar com exatidão as pessoas que precisam entrar no jogo e é capaz de encontrar soluções para desbloquear o sistema. Eles são realistas — em vez de se frustrarem com a inércia do "sistema", concentram-se e arremessam. São incansáveis em sua busca por fazer a inovação "atravessar a linha de chegada".

> *Com respeito a todos os atos de iniciativa (e criação), há uma verdade elementar que, se ignorada, aniquila inúmeras ideias e planos esplêndidos: no momento em que alguém definitivamente se compromete, a providência também se põe em ação."*

W. H. Murray. *A Expedição Escocesa ao Himalaia* **(1951)**

Vamos à prática

O quanto você é "uma hora capitão, outra pirata"? Nem tente responder a essa pergunta sozinho — procure a ajuda de pessoas que o conheçam bem e que não tenham medo de lhe dizer a verdade. A seguir há vários pontos que suscitam debate. Mas não se subjugue se sua pontuação for baixa em algumas delas — pouquíssimas pessoas têm todas essas qualidades.

- Como você demonstra sua ambição pelo que faz (equipe, departamento etc.)? Seja honesto — seu coração bate mais forte quando você fala sobre as coisas que deseja mudar no mundo? Suas mãos estão comichando e você não vê a hora de fazer isso acontecer? Muitas pessoas desistem facilmente quando se perguntam: "Como o que eu faço poderia ficar mais instigante?". Você precisa responder essa pergunta. Sem audácia e paixão, a inovação nunca vai decolar.

- **Você é um bom ouvinte?** A inovação precisa de pessoas humildes e empáticas. Isso provém e se evidencia em sua habilidade para ouvir. Você provavelmente nunca perguntou aos seus colegas qual é o seu crédito nesse aspecto — muito executivos também não o fizeram, mas saber que credibilidade você tem como "ouvinte" é importante.

- Você segue seus instintos ou continua solicitando mais pesquisas antes de tomar uma decisão? Até ponto você "se respalda"?

- Você se volta mais para o externo ou o interno? Talvez seja mais fácil se você pensar no seu último projeto de inovação ou compromisso — em quantas pessoas externas à sua organização você procurou inspiração ou com quantas colaborou?

- Você consegue transitar entre processos expansivos e redutivos? Você sabe quando alternar entre o modo criativo e o modo analítico e vice-versa?

- Por fim, você é realista quanto à sua habilidade de finalizar as coisas?

Observe que essa última pergunta não é sobre sua habilidade de concluir as coisas, mas sobre se você tem consciência dessa habilidade. Se você não for um bom finalizador, não desista — cerque-se de pessoas que sejam boas nisso.

2

A Busca por Provocação

O controle deliberado da inspiração

Em 30 segundos

Se você tivesse apenas 30 segundos, eu lhe diria:

A inovação é movida por um novo *insight* — uma profunda compreensão do motivo por que as pessoas fazem o que fazem.

◆

Um bom *insight* é como um jardim bem fertilizado — não se pode evitar que as ideias germinem.

◆

O *insight* é criado pela colisão de observações provocantes.

◆

Na maioria das grandes organizações é muito fácil ficar preso a uma rotina ou a um padrão de comportamento em que se tem pouca oportunidade de ser provocado.

◆

Existem diversas "lentes de provocação" experimentadas e testadas. Olhando através delas você poderá descobrir milhares de novas observações estimulantes.

◆

A busca por provocação é sempre desconfortável; tenha coragem, saia do escritório e vá para a periferia de seu mercado.

◆

Não comece a busca por desafio sem estar preparado. É verdade, o acaso favorece os que têm a "mente preparada".

Lá estava eu, trancafiado em um quarto de hotel com a equipe de gestão operacional sênior de um gigante global de seguros. Esses eram os indivíduos que controlavam o fluxo de informação dentro da empresa, de que forma os *call centers* eram gerenciados e de que maneira a tecnologia apoiava vários dos produtos de seguro. Solicitamos o serviço de quarto. Não estávamos com fome, mas esse hotel era famoso por seu serviço de quarto. Havia mais de 40 normas de serviço para prescrever como se deveria servir hambúrguer e batatas fritas nos quartos.

Esse tipo de sistema extremamente regrado costuma gerar serviços **sem diferenciação** — os funcionários aprendem a rotina do trabalho, mas são incapazes de sair do roteiro quando se defrontam com um pedido ou uma circunstância incomum. Estávamos lá para descobrir como esse hotel poderia lidar com os pedidos mais inusitados. E então lá estávamos nós, pedindo hambúrgueres com todos os ingredientes imagináveis, cancelando pedidos e geralmente agindo com estupidez, mas todas as vezes o garçom sorria e mantinha a situação sob controle.

De alguma forma o hotel encontrou um jeito de ter padrões de serviço e ao mesmo tempo permitir que os garçons usem a inteligência para "invalidar o sistema" quando necessário. Essas eram as características que a empresa de seguros queria que seus funcionários tivessem. Os funcionários do *call center* da empresa eram frequentemente criticados por "agirem como robôs"; eles eram inflexíveis e não eram empáticos com os clientes.

Na manhã seguinte nos encontramos em um lugar bem diferente; uma cafeteria em conjunto **habitacional decadente**. Lá nos juntamos e passamos o dia com os moradores do bairro, que tinham pouca ou nenhuma fonte de renda. Esse era o tipo de gente que o programa de pesquisa da empresa de seguros recusava por considerá-lo "fora da estratégia". Entramos nas casas, conhecemos os amigos dessas pessoas e observamos como eles gastam seu dinheiro. Elas tinham um esquema de empréstimo entre si e utilizam serviços modernos como Wonga e PayPal. Se acontecesse algum infortúnio, resolviam o problema entre família e não com uma empresa de seguros. Os bancos e as seguradoras simplesmente não faziam parte da vida delas.

Mais tarde, nos reunimos em uma pequena casa geminada para compartilhar nossas observações. O dono da casa pediu para que os executivos tirassem os sapatos antes de entrar. Passamos esse período espremidos em um pequeno cômodo, falando sobre nossas descobertas. Acho que tirar os sapatos fez grande diferença. De certa forma, isso foi uma ótima maneira de nos igualar e um grande lembrete de que estávamos muito longe do escritório.

Para provocar esses executivos, também lhes apresentamos fraudadores de seguros que haviam sido condenados, pessoas que não "acreditavam" em seguros por motivos religiosos e éticos e até funcionários da própria empresa que tinham apólice de seguro de empresas concorrentes.

Até então a seguradora nunca havia tido uma experiência tão rica em *insights* provocativos quanto essas que acabamos de descrever. Durante muitos anos a empresa havia contratado o mesmo tipo de pesquisa junto à mesma classe de clientes, utilizando até os mesmos pesquisadores. Mas a experiência com o excelente serviço de quarto, com os moradores desprovidos de direitos, com fraudadores e com pessoas que "não acreditavam" em seguro fez correr um fluxo de *insights* e ideias. Com o tempo, a equipe operacional desenvolveu novas ideias que afetaram várias partes da organização, mudaram o perfil dos funcionários e a forma como lidavam com as reclamações, implantaram um novo esquema de treinamento básico de "bom senso" e muitas outras coisas.

A fórmula do *insight* em seu nível mais básico é **"lixo entra = lixo sai"**. Em outras palavras, se você entope a cabeça com as mesmas coisas de sempre, então você obterá em troca as mesmas coisas de sempre. O que nos provoca é a busca deliberada por uma mudança na forma como vemos o mundo. É a procura de novos estímulos que nos diz por que nossas suposições sobre o mundo podem estar erradas. Uma rica mistura de provocações é a matéria-prima para o *insight* e um trampolim para a inovação. A **busca por provocação** nos faz sair do escritório para vivenciar todas as coisas que nossos clientes vivenciam, nos leva a conhecer pessoas que têm uma relação extrema com nossos produtos e nos faz entrar em contato com outros empresários que enfrentaram problemas semelhantes aos nossos, mas em outros mercados.

Essa busca por provocação é por definição algo **desconfortável**. É preciso muita ousadia para traçar uma trajetória que objetiva mudar o *status quo*. Por esse motivo, precisamos nos sentir ao mesmo tempo inspirados e levemente ameaçados. As provocações também oferecem uma vantagem competitiva. Você sabe se seus concorrentes estão trabalhando com os mesmos dados que você? Ou será que eles estão examinando lugares diferentes e mais estimulantes e fazendo mais correlações? A provocação — e as pistas, as conexões (associações) e os *insights* que ela gera — é fundamental para a **inovação** e a **competição**.

> *Criatividade nada mais é do que associar coisas. Quando você pergunta a pessoas criativas como elas fizeram uma determinada coisa, elas se sentem um pouco culpadas porque na verdade elas não fizeram aquilo, apenas vislumbraram algo. Isso lhes parece óbvio depois de algum tempo. É por isso que elas são capazes de associar as experiências que elas tiveram e de combinar novas coisas."*

Steve Jobs em uma entrevista a Wolf, na *Wired* (1996)

Preso a uma rotina ou a padrões de comportamento

Essa é uma realidade da vida. O mesmo caminho para o trabalho, o mesmo café na padaria da esquina, as mesmas fisionomias, os mesmos problemas no trabalho — é impossível não aprender exatamente a repetir hoje o que funcionou ontem. Quando nos dedicamos muito a algo no passado, nossas conexões neurais transformam-se em vias expressas de vales profundos, com cada vez menos saídas.

No que tange ao coletivo, uma organização inteira pode perder sua visão periférica e ficar presa a uma rotina ou a um padrão de comportamento. A história está cheia de exemplo de pessoas inteligentes envolvidas com o pensamento de grupo (*groupthinking*), com consequências são desastrosas. Em 2012, a empresa Kodak Eastman procurou proteção contra falência no Capítulo 11, finalmente abandonando sua divisão de câmeras digitais diante de novos concorrentes como o *iPhone* da Apple. Contudo, ao contrário da crença popular, a Kodak não estava de olhos fechados para a inovação. Ela já tinha um uma sequência surpreendente de inovações: a primeira câmera digital, a primeira câmera Wi-Fi e a primeira câmera *touchscreen* (toque na tela). Seus lucros e sua participação de mercado eram altos, mesmo depois que suas câmeras digitais desapareceram. Entretanto, ainda que seus executivos pudessem ouvir o trem que se aproximava, não avançaram rápido o suficiente, não saíram da encruzilhada e, quando se deram conta, já era tarde demais. Um executivo anônimo da Kodak afirmou recentemente que: "A diferença entre a linha de negócio tradicional (da Kodak) e a digital era notável. O ritmo era diferente. As habilidades necessárias eram diferentes. A administração costumava dizer que desejava mudanças, mas não queria provocar tormentos na organização".

De igual modo, a Encyclopaedia Britannica não procurou tirar proveito da revolução digital. Lançada em 1768 na Escócia e a partir de 1901 estabelecida nos EUA, a venda de seus 32 volumes minguaram de um pico de 120.000, em 1990, para apenas 4.000, dez anos depois. **A venda da versão impressa foi encerrada em 2012**!

Assim como a Kodak, a Encyclopaedia Britannica não estava de olhos fechados para a revolução digital. Eles lançaram o EBlast, um diretório de seleção de *sites*, quando ninguém sabia ainda o que era um diretório na *Web*. Eles experimentaram vincular os conteúdos da enciclopédia com notícias atuais na Internet; com apenas um clique você podia ir das matérias jornalísticas para a Encyclopaedia Britannica para obter mais informações. Essa era a ideia.

O problema foi que a Encyclopaedia Britannica estava presa a um **padrão**. Eles tinham um conselho editorial respeitável, colaboradores extremamente veneráveis (ganhadores do prêmio Nobel, dentre outros) e uma imensa experiência para coletar e editar minuciosamente os fatos, mas não conseguiram ver que era o "acesso" e não a qualidade dos provedores de conteúdo que havia se tornado o mais importante.

A *Encyclopaedia Britannica* sempre foi uma compra desejada, principalmente por pais da classe trabalhadora que queriam uma vida melhor para os filhos — oportunidades que nunca haviam tido. Eles passaram a comprar computadores pessoais (que custavam quase o mesmo preço que a coleção de 32 volumes) que ofereciam gratuitamente a enciclopédia digital *Encarta*. Mesmo assim, a Encyclopaedia Britannica ainda estava apegada à ideia de que o conteúdo era soberano, embora muitos desses livros importantes e volumosos nunca tivessem sido retirados da estante. Atualmente, a Wikipédia tem o poder de reunir um vasto número de editores e a possibilidade de ser atualizada imediatamente. Obviamente, esses benefícios são imensos se comparados com os livros impressos que são raramente atualizados. Mas não foi a tecnologia que acabou com a Encyclopaedia Britannica. Foi sua falha em não reconhecer que a voz de milhares de "pessoas comuns" é tão importante quanto a de um único ganhador do prêmio Nobel.

Todas as respostas estavam do lado de fora da porta dos escritórios da Kodak e da Encyclopaedia Britannica, mas compreensivelmente o medo de canibalizar seu capital já minguado limitou a capacidade de ambas de pensar e agir de forma flexível.

E elas não são as únicas. A rede Tesco é uma varejista global avaliada em 72 bilhões de libras esterlinas e possui 6.234 lojas ao todo em 14 países. Incentivados por vários anos de resultados espetaculares, eles abriram os supermercados Fresh & Easy em Nevada, na Califórnia e no Arizona, em 2007 e 2008. O grupo Tesco conduziu uma diligente pesquisa de mercado junto a mais de 60 famílias, que abriram a porta de suas casas e revelaram seus hábitos de consumo aos executivos britânicos durante o período de duas semanas. Porém, os resultados iniciais das vendas foram decepcionantes; por alguma razão, o *layout* da loja e os produtos oferecidos não estavam funcionando.

Tim Mason (diretor executivo e presidente da Fresh & Easy desde 2006) admite sinceramente em uma entrevista dada a William Kay (2009) que o erro foi não ter dado uma espiada na garagem dos clientes. Se tivessem feito isso, encontrariam *freezers* carregados de produtos comprados aos montes em ofertas especiais. "Há menos lealdade no mercado americano", afirmou Mason. "Um britânico precisa ouvir isso mais de uma vez para aceitar que as pessoas decidiam onde comprar a cada semana examinando as ofertas especiais sentados ao redor da mesa da cozinha", complementou Mason.

Portanto, mesmo os empresários mais sofisticados podem ficar presos a um padrão. Para sermos devidamente provocados, precisamos ser criativos e audaciosos em nossa abordagem, mas devemos também planejar tudo isso com cuidado. Ninguém tem tempo de sobre nem dinheiro para queimar com estímulos provocativos intermináveis.

Por isso, onde essa busca deveria nos levar primeiro?

A resposta: **debaixo do seu nariz?**

Algumas vezes, os estímulos que você precisa estão ao seu redor e você não consegue vê-los. Às vezes até seus próprios clientes ou colegas podem lhe dizer qual deveria ser sua estratégia de inovação — em poucos minutos. Portanto, pergunte a eles primeiro. Você provavelmente economizará muito tempo e dinheiro.

> No final da década de 1990, a easyJet, hoje a mais popular companhia aérea de baixo custo na Europa, enfrentou um problema sério de pontualidade. Tratava-se de um grande problema naquela época, pois perder a reputação poderia ter provocado um impacto na flutuação iminente do mercado acionário. Mas todas as informações das quais a easyJet precisava estavam bem debaixo de seu nariz.
>
> Trabalhando com a equipe da easyJet, reuníamos todas as pessoas que participavam do atendimento no portão de embarque. Havia um número surpreendentemente grande de pessoas na sala, representantes de uma ampla variedade de especialidades, nacionalidades, sindicatos e empregadores. Obviamente, aquela era a primeira vez que eles estavam tendo oportunidade de gerar ideias melhores em conjunto. Perguntamos a essas pessoas o que estava provocando os atrasos e o que fariam se "estivessem no comando". Eles nos disseram que costumavam esperar o piloto comunicar-se com a torre de comando e só então entravam em contato com a cabine para perguntar sobre o serviço de *catering* (alimentação) e as necessidades de combustível. Eles também falaram da precisão necessária para estacionar os veículos de descarregamento, abastecimento e *catering* ao lado do avião. Como seria de esperar, as pessoas tendem a gostar de falar dos problemas provocados por "outras pessoas".
>
> Em pouco tempo coletamos inúmeras informações. Uma ideia que surgiu foi anotar a quantidade de combustível necessária em um

> cartão e exibi-lo na janela do copiloto assim que o avião taxiasse. Isso significava que a equipe de reabastecimento não precisaria esperar para se comunicar com a cabine já atarefada e poderia trabalhar bem mais rápido. Outra ideia foi deslocar o caminhão de combustível 5 m mais distante da posição usual, para que assim as bagagens pudessem ser descarregadas mais cedo.
>
> Essas e muitas outras iniciativas criadas pela equipe da easyJet fizeram com que o tempo de processo diminuísse de 40 min para 25 min, o que foi mantido desde então. Essa redução de tempo permitiu que se acrescentasse um voo extra diariamente, o que fez uma grande diferença para o desempenho financeiro e a reputação da empresa.

A quantidade de retrabalho e de oportunidades perdidas porque as pessoas trabalham em feudos são inacreditáveis. Com muita frequência a resposta já foi encontrada e desenvolvida em outro departamento — bem debaixo do nosso nariz. Algumas organizações estão roubando o conceito das *start-ups* de tecnologia chamado de *hackathon*. Eles fecham seus funcionários (não literalmente) em uma sala durante 48h, oferecem acesso a todas as pesquisas realizadas até aquele momento e servem *pizza* regularmente. Esses eventos funcionam bem quando são interdepartamentais. Cada um leva suas pesquisas para que as pessoas que trabalham em outros departamentos possam ler. Ver em que o feudo adjacente está trabalhando como sempre evidencia novas oportunidades.

Seja ousado

"Um bom café da manhã o prepara para começar o dia" era o desafio de nosso cliente, uma tradicional panificadora inglesa e fornecedora de pães para supermercados espalhados por todo o Reino Unido. O problema é que o café da manhã parecia estar caindo de moda e as vendas de pães diminuíam. A percepção de nosso cliente sobre como as famílias consumiam pão era restrito a seus próprios hábitos ou aos costumes de um "grupo de foco". Conscientes de que nas pesquisas as pessoas tendem a se esquecer ou a fantasiar seu verdadeiro comportamento, pedimos aos nossos clientes — um grupo de homens de meia-idade — que levantasse cedo e tomassem café com uma família. Cada diretor adotaria uma família e tomaria café com ela na segunda, na terça, no sábado e no domingo. É óbvio que eles precisavam se ajustar aos horários das famílias, mesmo que isso significasse levantar de madrugada.

No começo, os diretores gostaram da ideia. Porém, quando o momento das sessões se aproximou, todos eles cancelaram, um por um. Eles pareciam incomodados por ter de passar tanto tempo fora do escritório e em um ambiente tão diferente e fora de seu controle. Sem perder o ânimo, remarcamos as sessões e em alguns casos "remarcamos novamente". Chega uma hora que você precisa bater o pé.

Por fim conseguimos "encher a casa", e oito diretores acordaram cedo em uma segunda-feira e partiram para a ação. Posteriormente eles nos confessaram que haviam ficado um pouco nervosos com essa experiência do café da manhã. Será que eles estavam imaginando donas de casa de camisola e maridos de ressaca? Encontrávamos com cada diretor na porta da casa e os acompanhávamos até a cozinha.

Em todos os casos a cena que se reproduzia era mesma, a mãe no **"avanço rápido"** e o pai no *"pause"*. Ou o pai estava de pé enquanto comia e lia o jornal ou estava escrevendo um *e-mail* urgente. Enquanto a mãe superocupada mantinha-se no mudo, o volume das crianças se elevava. A tensão aumentava conforme o tiquetaque do relógio. A mãe trabalhando o tempo todo para alimentar as crianças, preparar as mochilas, lembrá-los de suas atividades extraescolares e lidar com o inevitável surto de hostilidades entre os filhos. Finalmente, quando a porta da frente se fechava, a paz reinava.

O desconforto em pensar na experiência do café da manhã já foi esquecida há muito tempo, mas esse aprendizado ainda acompanha nossos clientes mesmo depois de muitos anos. O que eles viram foi um jogo temerário no qual a mãe forçava as crianças a tomar café e as crianças exerciam seu poder para obstruir. Eles viram o impacto da decisão do pai de ficar de fora e o alívio da mãe por ter completado a tarefa mais difícil do dia — levar os filhos à escola alimentados, na hora certa e com o temperamento certo. Para os diretores, levemente espremidos no canto da cozinha, aquilo foi uma revelação. Eles constataram que eles próprios são consumidores de cereais que costumam comer de pé e preferem ficar de fora.

É impossível inovar sem sentir desconforto. Um inovador não pode ser "fino demais para provocar". Geralmente as pessoas que estão envolvidas no processo de inovação vivenciam de tudo quando põem o pé para fora do escritório para encontrar com seus clientes, desde um leve desconforto a um pânico absoluto. Um de nossos clientes, uma empresa de produtos embalados, ficou muito nervoso diante dessa perspectiva. Quando lhe oferecemos duas opções: "residência estudantil" e "casal com dois filhos", ele insistiu que não queria a residência estudantil — ele estava com medo de que eles fossem *punks* ou de que morassem na casa sem permissão. Imagine como ele se sentiu aliviado quando chegou à casa do "casal" e foi recebido por um cara de cabeça raspada e tatuado, com seu *pit bull* e uma coleção de armas orgulhosamente exposta.

A lição aqui é: **seja ousado**. E lembre-se, você pagará para que o cliente fale com você. Por isso, extraia o máximo que puder dessa experiência. Você não precisa gostar deles, e eles não precisam gostar de você.

Por que sair do escritório pode valer um bilhão de dólares

O desenvolvimento de novos medicamentos é uma atividade extremamente regulamentada e de alto investimento. Assim que você especifica os critérios de desempenho de um medicamento, pode levar de 10 a 15 anos até que ele seja lançado no mercado. Os custos são elevados e apenas uma pequena porcentagem de programas de desenvolvimento consegue de fato lançar o medicamento. É por isso que a proteção de patente dos fabricantes de medicamentos é tão importante para seu modelo de negócio, e é também um dos motivos que faz com que a falsificação seja um problema tão sério.

Um de nossos clientes, uma importante empresa farmacêutica global, havia acabado de receber uma notícia ruim. Seu medicamento contra depressão falhou no segundo estágio dos ensaios clínicos, um fato com implicações possivelmente fatais para o preço das ações. Mas o que a palavra "falhar" realmente significa? A análise do perfil do produto-alvo (*target product profile* – TPP) revelou uma meta de desempenho muito ambiciosa nas dimensões mais importantes: **eficácia**, **efeitos colaterais** e **tolerância**. Para ser bem-sucedido, esse medicamento precisaria ser **milagroso**. Os cientistas haviam ficado presos nos laboratórios por muito tempo, atolados em dados, e estavam se esforçando para associá-los às emoções cruas sentidas pelos pacientes, pelos cuidadores e pelos médicos.

Então pusemos o pé na estrada, viajamos por todos os EUA com o objetivo de conhecer pessoas que estavam vivenciando diversos graus de depressão. Conhecemos um músico cujos violões estavam cobertos por uma espessa camada de pó (ele não conseguia sequer pensar em pôr a mão neles), um homem que não saía de casa havia anos e uma pintora que ouvia vozes enquanto falávamos com ela. Encontramo-nos com jovens, idosos, pessoas que tinham quem cuidasse delas e outras que não tinham com quem contar. Como seria de esperar, essa experiência foi extremamente comovente, até mesmo para cientistas que haviam estudado a depressão durante anos.

Vivenciar o mundo cara a cara era fundamentalmente diferente de ler relatórios científicos. Os dados eram os mesmos, mas o impacto profundamente diferente.

O que os cientistas extraíram dessa longa viagem foi a constatação do quanto os efeitos colaterais dos antidepressivos podem ser debilitantes — uma questão sobre a qual eles haviam lido a respeito, mas que nunca haviam testemunhado. Uma adolescente que sofria de depressão lhes disse que uma cura completa não valia a pena se ela engordasse mais de 90 kg, não conseguisse dormir e passasse o dia todo suando. O TPP exigia sobretudo eficácia, mas os pacientes pareciam estar procurando um método mais equilibrado.

Diante disso os cientistas voltaram para o laboratório e corrigiram o TPP, rebalanceando os resultados que estavam procurando — um desempenho um pouco menor, mas efeitos colaterais menos intrusivos. Eles descobriram que já tinham as moléculas necessárias para satisfazer o novo TPP. A audácia da viagem havia valido a pena. Os cientistas não precisaram começar tudo novamente, diminuindo o período de desenvolvimento em vários anos — um avanço que, segundo previsões, economizaria **1 bilhão de dólares** para a empresa.

Enxergando a vida mais além

Os seres humanos enxergam sua vida holisticamente; eles não distinguem a excelência entre diferentes tipos de produtos ou serviços. Por exemplo, pense em como pode utilizar o iTunes intuitivamente para selecionar suas músicas; em qualquer lugar, e a qualquer hora, pode reorganizar e ver sua coletânea de músicas. Recebe as atualizações e os *downloads* continuamente. Existe um prazer real em poder selecionar as músicas para a coletânea.

2. A Busca por Provocação

Mas alguns segundos depois de baixar uma nova música, você nota duas cartas enfiadas por baixo da porta. A primeira delas foi do meu banco, informando-me de uma transação não autorizada e da taxa que deveria pagar. Não consegui me lembrar do que havia comprado e amassei o papel. Percebi então que a segunda carta era do mesmo banco, solicitando que fosse buscar um novo tipo de cartão de crédito.

Naquele momento percebi a diferença entre o mundo tranquilo e intuitivo de selecionar músicas e o mundo impessoal de lidar com dinheiro. É assim que as pessoas veem o mundo; hoje, o que determina o padrão para um mercado determina o padrão para todos.

É por isso que precisamos enxergar além do mercado ou da categoria em que nossos produtos ou serviços se encontram. Precisamos de uma melhor visão periférica. O que determina os padrões para os nossos consumidores em uma variedade de mercados ao longo do dia ou onde quer que eles estejam?

Tome como exemplo a notificação do banco que apresentei anteriormente. Compreender a vida dos clientes, em um contexto mais amplo do que o de receber uma notificação do banco, requer provavelmente que observemos vários clientes ao longo de seu dia (nós literalmente os seguimos) e procuramos registrar todos os seus pontos de comunicação. Pudemos observar se ele ou ela:

- Recebeu uma mensagem de texto de um amigo.

- Falou com a mãe por telefone.

- Leu o rótulo da embalagem de leite.

- Leu o pôster no ponto de ônibus.

- Ouviu uma mensagem telefônica deixada por um colega de trabalho.

Depois de elaborar uma extensa lista, podemos sublinhar todos os pontos de comunicação em que observamos o cliente sorrir, reagir ou fechar a cara. Cada um desses pontos precisa ser então mais bem investigado. Devemos observar que uma mensagem truncada de uma linha, sem pontuação nem saudações, termina com um sorriso:

c u 8 cnr 2 n StMarks :)

(Significado: "I'll see you at 8pm on the corner of Second Avenue and St Mark's Place" — Te vejo às 20h na esquina da Second Avenue com a St Mark's Place". O sorriso fará sentido para o destinatário. Talvez seja um pedido para fazer as pazes, talvez um compromisso, talvez apenas um sinal de cordialidade.)

Essa mensagem incompleta nos oferece um indício interessante. Ela pode estar nos dizendo que a comunicação formal é menos eficaz do que as mensagens curtas, diretas e cordiais — algo que poderia ter imensas implicações para o banco. Posteriormente provocaremos uma colisão entre esse indício interessante com alguns outros e talvez possamos gerar um *insight* e uma ideia que produzam um efeito de grande eficácia.

Vá à periferia

Os orçamentos de pesquisa de mercado são bastante restritos, o que significa que grande parte das pesquisas tende a se concentrar em "mercados--alvo". (Uma frase terrível: colocamos um cliente na mira e disparamos fogo.) Mas é improvável que a inspiração para a inovação provenha de "consumidores normais". Os inovadores já têm uma profusão de dados sobre "consumidores normais" e provavelmente seus concorrentes já estão examinando esses mesmos dados.

A inovação é fomentada na periferia com o indignado, o ambivalente, o rejeitado e os "faça você mesmo". De certo modo, a provocação vem do desejo de penetrar na mente justamente daquelas pessoas que o rejeitaram — ou pelo menos daquelas que têm uma relação extrema ou nitidamente estranha com sua marca ou tipo de produto.

A seguir apresento uma compilação sobre as pessoas estranhas e extraordinárias que visitamos em três projetos diferentes. Descobri-las foi um processo criativo. Primeiro, criamos uma extensa lista de pessoas que tinham um relacionamento excêntrico ou extremo com os produtos ou serviços fornecidos por nossos clientes. Depois, utilizando todos nossos contatos, conseguimos os telefones dessas pessoas e as convencemos a conversar conosco, ou então visitamos os lugares que elas frequentavam e conversamos com elas pessoalmente. Esse tipo de atividade requer coragem e persistência. Algumas pessoas são adequadas para isso, outras não. O investimento financeiro nesse tipo de "estímulo" é sempre muito modesto, mas a **provocação é inestimável**. Apresento aqui três projetos com alguns exemplos de pessoas com as quais nos encontramos:

> *A inovação é fomentada na periferia com o indignado, o ambivalente, o rejeitado e os 'faça isso você mesmo'.*

Uma cadeia de pizzarias que estava tentando entrar no mercado de restaurantes que servem café da manhã

- Muitos operários que levantam cedo, clientes regulares de um restaurante local pequeno e barato.

- Crianças cujos pais saíam para trabalhar antes de elas irem para a escola (hábito de tomar café da manhã desconhecido).

- Apaixonados por *fast-food*, mas que alegavam fazer uma dieta balanceada por não comer nada até o entardecer.

- Defensores vigorosos e entusiásticos do café da manhã que odeiam declaradamente comidas *fast-food*.

- Ativistas vegetarianos anticapitalistas, contrários ao *fast-food* e a favor da luta de classes.

Novo serviço de consultoria bancário (pago)

- Vários proprietários de pequenas empresas que foram à falência por "falta de um bom aconselhamento" (eles estavam indignados).

- Esposas e maridos dos proprietários de pequenas empresas mal aconselhados (eles estavam ainda mais indignados).

- Fornecedores de microcrédito informais e possivelmente ilegais para várias comunidades imigrantes.

- Contadores "obtusos" que ofereciam conselhos financeiros de baixo custo a seus clientes.

Um novo xampu anticaspa para homens

- Um homem calvo que comprou uma enorme quantidade de xampu anticaspa.

- Uma mulher que disse ter terminado com seu namorado porque ele tinha caspa.

- O namorado que foi vítima do término do namoro (entrevistado em um lugar diferente).

- Vários homens envaidecidos por nunca terem lavado o cabelo — segundo eles — em virtude do custo.

- Vários médicos adeptos da medicina natural que alegavam conseguir tratar a caspa.

- Uma mulher que fez uma "poção mágica" anticaspa para seu marido e seus vizinhos.

Aposto que você está pensando que esses projetos são um tanto engraçados, não é? Eles são, mas eles precisam ser **provocativos**. Não faz sentido falar apenas com pessoas que gostam de você; é muito mais provocativo conhecer alguém que realmente nos odeia, rejeita ou usa seu produto ou serviço de uma maneira que você nunca havia imaginado. Embora possa ser desagradável ouvir esses pontos de vista, dentro deles existem sementes de algo proveitoso. Não estou dizendo que você deve vestir um colete à prova de balas para inovar, mas você precisa sair de sua zona de conforto.

As várias lentes da provocação

Até aqui levantamos informações sobre como nossos clientes veem as coisas que estão além do nosso mercado, segmento ou categoria. Reunimos indícios de pessoas que tinham um relacionamento extremo ou excêntrico com nossos produtos ou serviços. Portanto, as lentes da provocação que utilizamos poderiam ser chamadas de lentes do cliente ou do consumidor. Mas estamos apenas no início de nossa busca. Daqui em diante as coisas ficarão de fato instigantes. Além das lentes do cliente, existem muitas outras lentes de provocação, e precisamos encontrar mais informações sobre elas.

Uma lente de provocação que geralmente utilizamos é a **"lente das capacidades"** — as habilidades e capacidades que a organização possui. Penso nisso como a criatividade do "lado da oferta". Antes de conseguirmos fazer com que os executivos da panificadora que descrevemos previamente observassem seus clientes durante o café da manhã, pedimos a eles para que descrevessem as habilidades e capacidades da empresa. A lista não foi nada inspiradora:

- Temos os preços mais baixos.

- Fazemos entregas em todo o país.

- Temos uma das melhores divisões de logística.

- Somos especialistas em compra de produtos sazonais.

- Somos especialistas regionais em produção de pães para entrega imediata.

Nosso objetivo era fazer com que os executivos reenquadrassem as capacidades de sua organização. Para isso, eles precisariam **"ver"** a empresa com outros olhos. Pedimos então para que os executivos da panificadora expressassem novamente suas capacidades. Para facilitar, pedimos para que eles imaginassem que estivessem conversando com uma criança de 5 anos de idade. A nova lista foi bem diferente:

- Enquanto você dorme, nós trabalhamos.

- Temos fornos imensos que podem assar praticamente qualquer coisa.

- Adoramos pães.

- Sabemos mais sobre pães do que praticamente qualquer outra pessoa.

- Somos divulgadores, não apenas panificadores (temos o maior conjunto de receitas de pães em nossa página na Internet).

O exercício surpreendeu até mesmo os próprios executivos. De uma hora para outra veio à tona um mundo de ideias de **"novos negócios"**: "Talvez possamos formar uma *joint venture* (parceria com outra empresa) de distribuição com outras empresas que trabalham durante a noite, como os jornais?"; "Talvez devêssemos iniciar uma campanha de habilidades culinárias para ensinar a já esquecida arte de fazer pães?". E muitas outras ideias surgiram assim que eles reformularam "quem" eles realmente eram.

Um engenhoso truque na busca por provocação é perguntar à sua organização: **"E se o que é verdade sobre nós for falso?"**. Essa frase é um pouco agressiva, mas é tão importante que vou repeti-la: "E se o que é verdade sobre nós for falso?". Essa é uma provocação elevada ao cubo. Várias das melhores inovações no mundo vieram de pessoas cujas posturas se opõem à opinião da maioria (contrariadores): "E se pudéssemos voar? E se puséssemos ir à Lua? E se pudéssemos oferecer viagens de férias no espaço?" (aliás, isso em breve pode até ser comum...).

Só para ilustrar, tomemos como exemplo um produto simples como o xampu: **como você poderia quebrar as regras?**

Regra	E se...
Líquido	nosso produto fosse sólido, talvez em barras?
Usado debaixo do chuveiro	nosso produto fosse um pré-tratamento para aplicar com os cabelos secos?
Limpeza	nosso produto adicionasse uma substância viscosa?
De manhã	nosso produto fosse usado na hora de dormir?
Vendido em lojas	nosso produto pudesse ser feito em casa?

As regras quebradas geralmente são **inspiradoras**. Cada uma dessas propostas é um ponto de partida para uma investigação criativa. Aposto que você está um pouco surpreso com o potencial que meu "quebra-regras" tem, estou certo? Para entrar no espírito das descobertas, pegue um papel e uma caneta e escreva as regras existentes em seu setor. **Como você quebraria cada uma delas?**

Uma máxima confortante da inovação é que muito raramente os desafios são genuinamente novos. É provável que exista alguém ou algo que tenha enfrentado um desafio análogo ao seu. Na ?What If! chamamos isso de **"mundos correlatos"**, e encontrá-los é essencial para a inovação.

Os mundos naturais correlatos há muito tempo são uma fonte de invenções inesperadas:

- **Velcro** – Depois de um dia de caça nas montanhas francesas da cordilheira de Jura em 1941, George de Mestral ficou examinando os picões pregados em suas roupas de lã e no pelo de seu cachorro. Ele observou centenas de pequenos ganchos que se prendiam na lã e no pelo. Esses ganchos naturais e o sistema pelo qual eles se prendiam deram a George de Mestral a ideia inicial para o Velcro. Mestral deu prosseguimento ao projeto para criar uma máquina para fabricar ganchos e presilhas feitas de náilon.

- *Roll-on* – No final da década de 1940, Helen Barnett Diserens começou a trabalhar na fábrica de desodorantes norte-americana MUM. Inspirada pelo que na época era uma nova invenção, as canetas esferográficas, ela desenvolveu um desodorante que utilizava a mesma técnica. O produto que todos nós conhecemos foi lançado em meados da década de 1950, comercializado como Ban Roll-On.

- **Trem-bala** – O trem-bala japonês foi o trem mais rápido do mundo, mas todas as vezes que ele saía de um túnel a mudança de pressão do ar produzia um estrondo. A solução foi encontrada estudando o pássaro martim-pescador, que mergulha na água sem praticamente nenhum impacto. A frente do trem foi então redesenhada para imitar o bico desse pássaro. Não só se eliminou o estrondo, mas o consumo de combustível também foi melhorado.

Em 2007, o preço da gasolina nos EUA atingiu novos picos e os motoristas começaram a usar o *smatphone* para encontrar os postos com os preços mais baixos na região. Cada vez mais a gasolina estava sendo vista como uma *commodity*: "gasolina é apenas gasolina", como diziam os consumidores. A British Petroleum (BP) começou a se fazer uma pergunta fundamental: "Qual será o futuro da gasolina *premium* em um mercado cada vez mais preocupado com o preço?".

Diante disso, a equipe global de tecnologia de combustíveis da BP começou a trabalhar para criar a molécula-base correta que, quando adicionada à gasolina da BP, limpasse o sistema de combustível do carro e o restaurasse ao seu estado anterior. Lançado em 2008 com o nome de *Invigorate*, por toda a região centro-oeste e leste da costa do Golfo, esse aditivo ajudou os carros a se manterem "jovens por mais tempo". O sucesso foi quase imediato; o *Invigorate* superou o desempenho do restante do setor em 2% e a percepção dos consumidores sobre custo-benefício e a qualidade do produto aumentou de forma significativa. Esse foi o feito mais extraordinário, tendo em vista o difícil cenário econômico da época.

O segredo desse projeto de inovação, conhecido como *The Living Car* (*O Carro Que Tem Vida*), foi uma investigação de mundos correlatos. A busca por provocação exigiu que as equipes da BP e ?What If! passassem muito tempo dirigindo os carros. Observamos que muitos motoristas referiam-se ao seu carro não como uma "máquina", mas quase como um ser vivo. Eles dão tapinhas no painel, conversam com o carro empregando termos valorativos que demonstram gratidão e apresentam justificativas e defendem os itens que funcionam mal. Aqueles que tratavam o carro como um **animal de estimação** ou até como parte da família não estavam interessados em saber como seu carro funcionava. O motor e a gasolina não eram tão interessantes para os motoristas, mais ou menos da mesma maneira que o funcionamento interno do corpo humano também era desinteressante para ele. "É claro que eu tenho fígado. Como ele funciona? Não faço ideia", comentou um motorista.

Isso levou a equipe de inovação a buscar especialistas que enfrentassem problemas correlatos. Dentre essas pessoas estavam os médicos naturalistas, que disseram que "vendiam" remédios que rejuvenesciam diferentes órgãos. Todos empregavam o jeito de falar "macio" ("suave"), comum entre os médicos naturalistas, para descrever seus produtos. Isso levou à equipe a desenvolver a ideia de uma gasolina que capacitasse o carro a manter-se jovem por mais tempo e a desfrutar da vitalidade da juventude. Que proprietário de carro (de estimação) conseguiria resistir a isso?

A BP lançou o *Invigorate* em 10.000 postos de gasolina dos EUA. Em vez de lançar esse aditivo apenas com a gasolina *premium*, o *Invigorate* foi oferecido com todos os três tipos de gasolina comercializados. Até mesmo as pessoas que possuem calhambeques velhos e enferrujados, e que normalmente não compram gasolina *premium*, adoram seu carro. O impacto financeiro do *Invigorate* foi equivalente ao ganho de milhões de dólares.

Olhar para um "mundo correlato" para obter estímulos (ou provocação) requer coragem em uma grande organização. É uma atitude anticonvencional, mas a recompensa pode ser espetacular, tal como a BP descobriu.

Como ilustra essa história, a busca por provocação pode nos levar a alguns lugares **interessantes** e **inesperados**. Mas o obstáculo a um exercício de mundos correlatos geralmente se encontra em nós mesmos: "O que as pessoas vão pensar de mim? Meus colegas entenderão o que estou tentando fazer?", é a dúvida que assombra todo aquele que vai fazer um estudo como esse. Escolha cuidadosamente alguns exercícios de mundos correlatos e explique por que você os escolheu. Na história anterior, quando mencionei os médicos naturalistas, garanto que você arregalou os olhos! Essa é a reação que os exercícios de mundos correlatos normalmente geram. Porém, quando mencionei a escala de recompensa, acho que tudo isso fez sentido.

Veja algumas maneiras complementares para provocar novos *insights*:

Examinar com atenção o ciberespaço, onde pessoas estão conversando sobre os temas que lhes interessam pode ser uma excelente fonte de ideias e de inspiração. Os *sites* e os *blogs* de interesse especial são uma parte consagrada do arsenal de provocação. Existem *sites* especializados para todos os temas, desde câncer de mama à bancarrota de jogadores de golfe canhotos. Ser capaz de se envolver no tipo de diálogo informal e desimpedido que essas páginas têm é muito revelador. De alguma maneira as pessoas realmente se soltam no ciberespaço. Elas põem para fora seus sentimentos, com toda a paixão, fazendo alterações mínimas e algumas poucas revisões. **Isso é brilhante!** Para um inovador pode ser mais fácil interpor-se entre grupos de discussão *on-line* — o anonimato possibilita que você provoque e pressione de uma forma que provavelmente não faria cara a cara.

Mapear o fluxo de caixa e de lucros em seu mercado mais amplo — fornecedores, clientes e influenciadores — também pode ser uma ótima fonte de provocação. Onde se encontram as melhores margens? Onde se encontra todo o crescimento? Onde se encontra a propriedade intelectual? Onde os salários são mais elevados? Quem recebeu toda a glória? Afaste-se e se ponha na pele dos outros em relação a esse **"mapa de valores"**. Isso seguramente o induzirá a encontrar algumas dicas. Os inovadores mais intrépidos não têm receio de investigar o que está acima e abaixo deles mesmos na cadeia de valores. A IBM teve muito sucesso ao evoluir de produtora de balanças à fabricação de *mainframes*, depois de *notebooks*, e por fim à consultoria.

Organize seu *smartphone* utilizando ferramentas escolhidas a esmo, como o Flipboard, Pinterest e StumbleUpon. Percorra as páginas e se deixe perder em um desses aplicativos. Esse processo é o equivalente dos dias modernos de caminhar por uma biblioteca e escolher aleatoriamente um livro para ler. Você pode conectar duas páginas aparentemente desconectadas ou conectar seu desafio a uma página escolhida aleatoriamente.

A mente preparada

Quando Pasteur disse "No campo da observação, o acaso só favorece a mente preparada", ele quis dizer que precisamos fazer a nossa parte. Precisamos nos **preparar** para que possamos de fato ver e ouvir coisas que não havíamos visto nem ouvido antes.

Portanto, primeiramente devemos sintonizar nossas antenas. Compreensivelmente, os executivos consideram difícil mudar do estilo operacional de não envolvimento para o estilo receptivo e aberto de observação dos clientes. É importante mudar a sintonia de sua antena de uma frequência **"dogmática"** para uma frequência **"sem preconceitos"**. Gosto de me referir a isso com a expressão "ter um olhar periférico" (*"looking with soft eyes"*).* Roubei essa frase de um episódio de *The Wire*, uma famosa série da HBO. O segundo episódio da quarta temporada deve ser visto por todos aqueles que estão embarcando na busca por provocação. A detetive afasta-se e deixa que os fatos a surpreendam. Ela não se deixa levar por

---

* N. de T.: *Soft eyes* refere-se à capacidade de ver o todo. Quando olhamos para algo específico (*hard eyes*), "olhamos apenas para uma árvore e não enxergamos a floresta". Quando temos um olhar periférico, percebemos tudo o que está em nosso campo de visão. Esse olhar periférico nos torna conscientes do que está ocorrendo ao nosso redor e dentro de nós. Isso inclui ver, ouvir e sentir.

preconceitos. Desse modo ela é capaz de ver o que todos aqueles detetives obstinados não conseguem. E no final ela prende o vilão.

Na ?What If! inventamos um exercício para sintonizar a antena, que chamamos de **"Consumer Shoes"** ("colocar-se no lugar do consumidor/cliente"). Ele funciona para equipes de inovação, equipes de patrocinadores ou grupos mais amplos de interessados. Veja a seguir como isso funcionou com os diretores de uma confeitaria global.

> *Quando Pasteur disse: "No campo da observação, o acaso só favorece a mente preparada", ele quis dizer que precisamos fazer a nossa parte."*

Primeiro pedi para que os caras (sim, um grupo só de homens) se sentassem em círculo de frente para mim, e ouvi os gracejos usuais sobre como isso parecia "uma reunião dos Alcoólicos Anônimos". Em seguida, lhes dei uma notícia não muito apreciada: "Hoje vamos fingir que somos os clientes." Expliquei que nos concentraríamos em um segmento importante: adolescentes do sexo feminino. Em seguida, atribuí ao diretor à minha direita uma nova identidade. "Você é Phoebe e tem 18 anos", disse-lhe. O diretor seguinte representaria Samantha, 17 anos, o outro, Jane, e o seguinte, Jill — você já deve ter imaginado a cena. O alvoroço começou quando pedi que respondessem às minhas perguntas em primeira pessoa, encenando o personagem. Temos coisas mais importantes para fazer, disseram eles, mas fiquei firme e em pouco tempo os diretores começaram a se divertir.

Comecei com perguntas simples sobre a vida das clientes:

- Quem você se imagina ser?

- O que você nunca disse à sua mãe a respeito de sua vida?

- Quanto dinheiro você tem na carteira?

- Do que você tem mais medo?

- Como você descreveria uma noite de diversão com seus amigos?

Essas perguntas eram excelentes para fazer com que meus "intérpretes" entrassem no espírito e pensassem como seu *alter ego*. Em seguida, fiz perguntas sobre o mercado, nesse caso das confeitarias, ou mais genéricas, sobre petiscos e guloseimas. Então:

- Que quantidade de doces você compra?

- Como você se sentiria se nunca mais pudesse comprar doces?

- Quando você come doces e em que lugar você quando está comendo?

O último bloco de perguntas é sobre a marca:

- Que tipo de pessoa que fabrica os produtos dessa marca?

- Que outras marcas uma pessoa que compra essa marca compraria?

- Quais as três palavras que você empregaria para descrever essa marca?

Durante uma hora os diretores se esforçaram para tentar responder minhas perguntas, colocando-se no lugar das consumidoras. Eles riram muito, mas rapidamente perceberam que era um **exercício sério**. É o equivalente no mundo comercial de perguntar a um político quanto custa um litro de leite. Finalmente os liberei do exercício e perguntei como eles achavam que haviam se saído. Eles acharam que haviam respondido bem as perguntas sobre preço e distribuição, mas não tão bem em perguntas genéricas sobre o dia a dia de suas consumidoras.

Mas o exercício de se colocar na pele ou no lugar do consumidor tinha apenas começado. Depois de pedir aos diretores para que mudassem para um círculo de cadeiras do lado de fora da sala, abri uma porta lateral e então entraram as verdadeiras Phoebe, Samanta, Jane, Jill e todas as outras. O silêncio pairou e os executivos se deram conta do que estava para acontecer. Pedi para que as garotas se sentassem nos mesmos lugares que seu *alter ego* masculino havia se sentado e fiz exatamente as mesmas perguntas, precisamente na mesma ordem. Era possível ouvir um alfinete cair no chão. Obviamente, as respostas dos clientes "de verdade" não representam todos os clientes. Mesmo assim foi fascinante contrastar os dois grupos de resposta.

Alguns dos diretores conseguiam entender melhor do que os outros seus consumidores. Alguns visivelmente não faziam nem ideia. Alguns previram exatamente como costumava ser uma noite de diversão com os amigos e conseguiram até parafrasear como elas se sentiriam se a marca desaparecesse do mercado. Outros se esforçaram para responder essa mesma pergunta — eles não faziam ideia do lugar suas clientes frequentariam, o que comeriam ou beberiam ou que tipo de conversa teriam. Eles também previram que o mundo das consumidoras se desintegraria se a marca deixasse de existir, o que era apenas uma suposição.

> *Enquanto a equipe de inovadores ou seus patrocinadores não reconhecerem sua área de especialidade, suas tendenciosidades ou suas lacunas de conhecimento, acharão muito difícil ouvir abertamente os outros."*

Esse exercício não pretende humilhar, mas evidenciar aos membros do grupo quem deles têm uma percepção genuína e aqueles que tendem para um determinado ponto de vista. Esse jogo com certeza pode ter um efeito explosivo se realizado inapropriadamente, mas em todos os casos o achei imensamente eficaz. Desde o momento em que inventamos esse exercício, acho que o aplicamos mais de mil vezes e em várias partes do mundo. Enquanto a equipe de inovadores ou seus patrocinadores não reconhecerem sua área de especialidade, suas tendenciosidades ou suas lacunas de conhecimento, acharão muito difícil ouvir abertamente os outros. Também não captarão os indícios, porque acreditam que já sabem de tudo isso e não param de recorrer a uma teoria favorita (aquele tipo de teoria que a pessoa nunca abandona, que reaparece ano após ano). Ou talvez, na verdade, temam não saber nada e tentarão supercompensar isso com opiniões em demasia.

Esse exercício é particularmente bom para executivos veteranos convictos que "já viram isso tudo antes". Esses indivíduos podem ser uma pedra no caminho da inovação. O exercício de se colocar no lugar do consumidor possibilita que eles se deem conta de que o mundo mudou. Além disso, essa atividade é muito conveniente porque pode ser realizada no escritório.

Agora estamos totalmente sintonizados e a busca por provocação pode começar. Mas para onde deveríamos olhar primeiro? Depois de 20 anos "preparando mentes" para encontrar provocações, existem alguns lugares que eu costumo experimentar primeiro.

As grandes ideias surgem quando as pessoas são forçadas a experimentar o "faça você mesmo". Recentemente fui de táxi para o trabalho e percebi algo no motorista. Esse cara era obcecado por todas as indicações (telas) que estavam no painel do automóvel e nos deu uma grande sugestão. É claro que o fabricante do automóvel desse motorista não estava fornecendo o que ele precisava e ele foi forçado a fazer isso sozinho. Quando as pessoas tomam a iniciativa de desenvolver suas próprias soluções, elas estão lhe dando um recado enormemente significativo.

> *Quando as pessoas tomam a iniciativa de desenvolver suas próprias soluções, elas estão lhe dando um recado enormemente significativo."*

2. A Busca por Provocação

A identificação de "contradições" é uma outra área propícia para caçar indícios. Uma vez formamos uma parceria com um banco global que procurava formas inovadoras para melhorar os serviços oferecidos. Visitamos uma série de clientes leais e descrentes. Fomos à residência dessas pessoas e pedimos para conversar com elas no lugar em que elas tomavam a maior parte de suas decisões financeiras. Ficávamos espremidos em escritórios, cozinhas e até quartos. Na maioria das situações, os clientes disseram que o dinheiro tinha grande importância para eles, que contavam cada centavo e que era essencial que o banco tivesse a mesma atenção ao detalhe. Na verdade, esses clientes tinham muitas críticas com relação à atenção ao detalhes prestada pelo banco. Mas quando pedimos que eles abrissem a gaveta, seu livro contábil e documentos *on-line,* vimos algo surpreendente. Na realidade, não vimos quase nada. Grande parte dos clientes não tinha nem ideia dos produtos financeiros com os quais podia contar, quanto pagavam pelas transações ou em que pé que estava sua saúde financeira. Isso foi uma **extraordinária contradição** e, outra vez, um enorme recado.

Uma última questão com respeito a **"preparar-se para ver"**, é não ter receio de deixar as coisas ficarem um pouco desordenadas. É surpreendente o que se pode ver quando alguém despreza as convenções sociais e revela as emoções cruas que estavam debaixo dos panos. O problema é que muitas pessoas não dirão o que elas realmente acham de seus produtos ou serviços. Talvez porque o seu produto, esse produto que você tanto ama, é um tédio para eles. Ou talvez seja muito desagradável falar sobre determinados assuntos, como um obeso falando sobre colesterol ou um fumante falando sobre o tabagismo. Algumas vezes o tema é muito constrangedor — como falar de disfunção erétil, odor corporal, hemorroidas, falência ou analfabetismo. Por vezes precisamos dar a essas pessoas algumas cutucadas para que elas comecem a falar.

Uma vez investigamos de que forma os casais recém-divorciados gerenciavam suas finanças após a separação. Para apimentar os diálogos, organizamos duas fileiras de cadeiras uma de frente para a outra e convidamos um grupo de cinco homens e cinco mulheres recém-divorciados. Pedimos para que se sentassem em lados opostos. Em poucos minutos os dois lados estavam ficando muito irritados um com o outro. Uma mulher admitiu que ela sabia desde "o dia em que ela pôs o pé na igreja" que o casamento não duraria. Muitas de suas companheiras concordaram, e isso fez com que os homens expusessem uma série de contra-argumentos íntimos. Antes que as cadeiras voassem, finalizamos a seção. Essa experiência ofereceu indícios extremamente significativos para a empresa de serviços financeiros — nenhum deles revelado pelas pesquisas convencionais.

Outra maneira de cutucar as pessoas é recorrer ao humor. Antes de a Unilever lançar a marca Axe nos EUA, o diretor da marca, Neil Munn, e dez membros de sua equipe passaram um dia em uma casa de comédia em Chicago. Eles estavam acompanhados de 16 adolescentes de 18 anos. As luzes diminuíram e, no palco, os comediantes contaram piadas sobre encontros e jogos de sedução. O primeiro comediante contou uma história sobre como um rapaz havia se aproximado de um grupo de mulheres para tentar atraí-las. O público riu e contorceu-se de constrangimento quando suas frases patéticas foram brutalmente cortadas pelo grupo de mulheres. Depois que o público se acalmou, as luzes se acenderam e Munn analisou com o público por que isso havia sido tão engraçado. As dicas fluíram: "Aprendemos mais naquele dia do que em qualquer outra ocasião", disse Munn, "a frivolidade e a experiência em comum possibilitaram que essas pessoas se abrissem em relação às suas emoções e sua vulnerabilidade mais do que qualquer outra coisa".

Paradoxalmente, outra maneira de desprezar as convenções é criar uma **percepção de normalidade**. Uma vez realizamos uma sessão em uma piscina para obter sugestões com pessoas que sofriam de psoríase. Todos estávamos vestidos com um traje de banho do mesmo modelo — você pode imaginar como isso possibilitou que as pessoas comparassem seu estado e falassem abertamente em um lugar que em geral elas evitam.

Seguindo essa mesma linha, empreendemos um projeto chamado *The Future of Sex* (*O Futuro do Sexo*) para um fabricante de camisinhas. Antes de iniciar o projeto, nossa equipe e a equipe do cliente reuniram-se para "estabelecer normas" em conjunto. Isso significa que nos encontramos e falamos sobre sexo, empregando o máximo de palavras e definições sexuais que já havíamos ouvido até então. Prosseguimos até o momento em que as palavras e os conceitos que normalmente eram tabus ficaram fáceis de falar. Sem esse processo não teríamos falado abertamente uns com os outros.

> *As invenções importantes não são meros acidentes. A visão errônea (de que elas são) é amplamente defendida e uma das quais a comunidade científica e técnica, infelizmente, tem feito pouco para refutar. O acaso normalmente tem seu papel, não se pode negar, mas uma invenção não é tão simples quanto a noção popular de algo que surge inesperadamente. Profundidade e amplitude de conhecimento são praticamente um pré-requisito. A não ser que a mente já esteja totalmente carregada, a famosa centelha do gênio, se porventura ela se manifestar, provavelmente não encontrará nada para acender."*

Paul Flory, ganhador do prêmio Nobel, na ocasião em que recebia a medalha Priestley, a maior distinção concedida pela Sociedade Americana de Química. Royston M. Roberts, *Serendipity, Accidental Discoveries in Science.*

Provocado. E agora?

Pense em um filme de detetive. A cena do crime é o local em que coletamos pistas. De volta à delegacia, os detetives se reúnem na sala de investigação policial. A parede está coberta de pistas; tudo parece uma bagunça e os detetives afastam-se, põem a mão no queixo, tentando identificar um padrão.

Os inovadores de modo geral seguem um procedimento equivalente. Examinamos os fatos e os indícios e nos perguntamos: "Por que isso é assim?". Examinamos ao mesmo tempo os indícios coletados utilizando todas as nossas lentes de provocação. Dentro dessa sopa mental borbulhante, formam-se conexões e pressentimentos.

Chamamos esses pressentimentos de *"insights"*. *Insight* é um conceito importante para os inovadores. Isso nos faz entender por que as pessoas fazem o que fazem. Um bom *insight* pode ser pungente o bastante para gerar naturalmente soluções possíveis. Um bom *insight* é como um jardim fértil — não se pode evitar que as ideias germinem. O contrário também é verdadeiro. A falta de *insights* é como um deserto — somente ideias fracas crescerão lá.

Para organizar as coisas, concluirei nossa analogia com os detetives. A "detenção" é o *insight* que impele uma ideia e a "condenação" é um lançamento bem-sucedido.

Para dar um exemplo real do processo entre indícios e *insights*, suponhamos que estejamos investigando alternativas para melhorar a consulta que um paciente vai ter com um médico. Alguns dos nossos indícios são:

- Ouvi muitos médicos afirmarem que, se tivessem mais tempo para explicar como os medicamentos devem ser tomados regularmente, a maioria dos pacientes se recuperaria mais rápido.

- Observei a recepcionista do consultório tentando ajudar um paciente a localizar a farmácia.

- Li a respeito das regulamentações que permitem um padrão de treinamento inferior para pequenas intervenções médicas, como coleta de sangue ou administração de alguns medicamentos.

- Li a respeito de pacientes que estão utilizando páginas da Internet para se automedicar.

- Ouvi falar de pessoas que compartilham seus medicamentos, para que assim seus amigos não tenham de se preocupar em ir ao médico.

- Vi alguns médicos dando consultas às pressas.

- Vi alguns pacientes que de fato não compreendiam o que o médico queria dizer.

- Li que 40% dos pacientes não têm nada que apenas um descanso e uma dieta balanceada não possam curar.

- Vi pacientes aguardando na sala de espera por duas horas.

- Ouvi uma paciente dizendo que havia se sentido como uma ovelha tocada para dentro e para fora de um curral.

- Li que você pode pagar 65 libras esterlinas para receber atendimento médico em casa.

Observe que esses indícios são observações. Eles podem até não ser representativos, mas são observações claras e objetivas. São uma mistura de observações sobre como pessoas se comportaram, o que elas disseram, quanto as coisas custam e como as coisas funcionam. Os indícios sempre começam com "Ouvi dizer...", "Eu vi..." ou "Eu li...". Essa é uma maneira fácil de nos lembrarmos das diferenças entre um indício e um *insight*. Observe também que essa lista é uma mistura valiosa de indícios deduzidos do ato de olhar através de muitas lentes de provocação. É assim que a descoberta inesperada (a serendipidade) acontece — é essa mistura de lentes de provocação que conta.

Alguns desses indícios poderiam ser associados ou conectados para formar os seguintes *insights*:

1. Ambos, médicos e pacientes, acreditam que o processo de consultas não está funcionando.

2. Uma consulta de 7 min passa pelo estágio de diagnóstico e pelo estágio de aconselhamento. O diagnóstico precisa do médico, mas o aconselhamento é uma atividade que exige um grau de qualificação inferior.

3. Os pacientes já esperam por uma má experiência. Já estão de mau humor antes mesmo do início da consulta.

4. Enquanto alguns membros da equipe médica não habilitados têm pouco o que fazer, os médicos estão extremamente ocupados.

Os *insights* podem ser inspiradores ou podem ser medianos. Os *insights* 1 e 3 são banais, mas o *insight* 2 é muito interessante. Um bom *insight* nos conduz a novas soluções. Nesse caso, já estamos pensando em algumas ideias. Talvez uma recepcionista mais qualificada possa ajudar no estágio de "aconselhamento". Será que as cirurgias do médico não poderiam ter uma recepcionista para receber os pacientes e outra para liberá-los? A recepcionista de liberação não poderia confirmar se os pacientes não estão deixando o consultório com questões mal resolvidas? Ou será que não poderia dedicar algum tempo aos pacientes ainda confusos e explicar de que forma devem tomar os medicamentos? Ou talvez possamos associar os *insights* 2 e 4. Agora estou pensando que, depois que o médico tiver visto o relatório patológico, a mesma recepcionista poderia ligar para os pacientes cujos casos não são críticos para passar os resultados dos exames.

Vamos à prática

Neste capítulo investigamos como algumas organizações se esforçam para não cair na arriscada "rotina" de pensamento. A busca por provocação pode levar algumas semanas para se estabelecer, um mês ou dois para ser executada e algumas semanas para a garimpagem. Seu *checklist* deverá ter mais ou menos o seguinte perfil:

Preparação

- Antes de fazer qualquer coisa, examine se a resposta não está bem debaixo de seu nariz. Você economizará muito tempo e dinheiro.

- Encare a realidade e reconheça que essa busca requer coragem. Se não estiver doendo, não está funcionando — isso soa batido, mas é uma verdade.

- Sintonize sua antena. Mostrei a você que o exercício de se colocar no lugar do cliente pode ser efeito em equipe. Sem reconhecer os preconceitos que todos nós temos, ou a falta de entendimento que alguns de nós temos, a equipe de inovação rapidamente se tornará disfuncional.

A busca

Existem muitas lentes de provocação. O truque é olhar através de todas elas, mas extrair somente observações ou "indícios" (ouvi dizer, vi, li...) nesse estágio.

As principais lentes são:

- Consumidores: penetre na mente dos consumidores, mais além de seu mercado, setor ou categoria. Encontre usuários radicais ou excêntricos.

- Capacidades: observe quais são suas competências com novos olhos.

- Mundos correlatos: quem mais venceu esse desafio?

Garimpagem

Vá para a sala de investigação e observe os inúmeros indícios que você coletou. Faça a colisão das ideias para criar novos *insights*. Esse é o fundamento das ideias e da inovação.

3

Transformando Ideias em Realidade

A arma favorita do inovador

Em 30 segundos

Se você tivesse apenas 30 segundos, eu lhe diria:

"Transformar ideias em realidade" é um estado de espírito que nos motiva a traduzir uma ideia em um formato em relação ao qual possamos reagir imediatamente e emocionalmente.

◆

"Transformar ideias em realidade" gera uma inovação mais adequada porque nos força a parar de falar e começar a agir.

◆

"Transformar ideias em realidade" é uma maneira prática de "tolerar riscos".

◆

"Transformar ideias em realidade" é apropriado para todas as organizações, em todos os mercados.

◆

Você pode transformar coisas em realidade em todos os estágios do processo de inovação; diálogos no estágio inicial, simulações, protótipos, pilotos e até mesmo após um lançamento.

◆

No âmago da "transformação de algo em realidade" há um método iterativo — um programa que testa experimentos que se baseiam um no outro.

◆

Os quatro pilares para transformar coisas em realidade são: uma mentalidade boa o suficiente, um método de baixo custo, discrição e o comportamento de "incubação".

O nome Boots está presente nas principais ruas do Reino Unido há mais de 160 anos. Hoje, a Boots UK tem aproximadamente 2.500 lojas espalhadas por todo o Reino Unido, muitas delas antes chamadas de **"Boots the Chemists"**. Mesmo com o passar dos anos, ela continua distribuindo produtos farmacêuticos para a nação. Os próprios farmacêuticos "receitam" os remédios de venda livre, isto é, que não exigem receita médica. Porém, essa veterana dos centros comerciais tem experiência com as técnicas de inovação mais avançadas.

A Boots UK encarregou a ?What If! de quebrar os hábitos de compra "automáticos" associados à compra de medicamentos. Pesquisas demonstraram que os consumidores apressados não queriam incomodar o farmacêutico com perguntas e por esse motivo iam até as prateleiras com medicamentos de venda sem receita médica e compravam o mesmo e infalível remédio para tosse ou virose gástrica que eles sempre usaram, sem levar em consideração se esse era ou não o produto correto para eles. Trabalhando com os funcionários da fábrica em uma das divisões de "categoria A" da Boots, tivemos total liberdade de mudar os produtos de lugar, colocar novos produtos nas prateleiras e mudar a sinalização.

Quando a equipe da ?What If! chegou em um domingo à noite, já tínhamos alguns palpites sobre como poderíamos induzir os clientes a pedir as recomendações do farmacêutico. Contudo, até aquele momento nós, deliberadamente, ainda não havíamos nos esforçado para finalizar essas ideias.

Trabalhando em turnos durante as 12h seguintes, reorganizamos a seção de produtos farmacêuticos da loja. O gerente pediu a familiares e amigos para que "dessem uma mãozinha". Até ás 8h da manhã, aquela seção da loja tinha passado por várias mudanças sutis, como novas placas nas prateleiras que diziam aos consumidores para que pedissem a opinião do farmacêutico e novos roteiros para os funcionários.

As portas foram abertas e ficamos à espreita para observar o comportamento dos clientes. Tínhamos treinado os funcionários para ajudar os consumidores com dúvidas, mas ficou patente que as mudanças que havíamos passado a noite fazendo serviram mais para confundir do que para ajudar. Estava claro que os clientes não estavam interessados em nossas placas. Em um horário de pouco movimento após o almoço, mudamos o tamanho das placas — ter dois artistas gráficos em nossa equipe significava que poderíamos realizar inúmeras alterações.

Depois de um dia inteiro de observações, questionamentos e rearranjos da loja, fomos a uma cafeteria perto dali para refletir sobre o **primeiro dia**. Durante a noite, a equipe de assistência continuou o processo de adaptação da loja, mas estava claro que a reorganização que havíamos proposto não estava funcionando. A ficha simplesmente não estava caindo. Por isso, mudamos de direção e criamos mensagens em notas adesivas dizendo para que os consumidores se aconselhassem com o farmacêutico. Colamos essas notas na caixa de centenas de remédios para dor de cabeça, tosse e gripe que estavam nas prateleiras da loja.

No final do **segundo dia** alguns clientes já estavam lendo nossas notas, mas não o suficiente para fazer uma diferença real. Naquela tarde a equipe começou a se sentir desconfortável; já havíamos usado metade do nosso tempo e tínhamos muito pouco resultado para mostrar. Mais tarde, um membro da equipe descreveu essa semana como uma jornada "do profundo desespero ao cúmulo do contentamento".

Um dos nossos "experimentadores" levou a ideia das notas adesivas mais adiante. Retiramos todos os rótulos e placas (efetivamente as últimas 48h de trabalho). Em seguida pegamos os remédios controlados que estavam atrás do balcão, esvaziamos todo o conteúdo e pusemos as embalagens vazias nas prateleiras com mais placas que os recomendavam como os "melhores" produtos superpotentes — como se fossem receitados pelo farmacêutico.

Não havia dúvida de que tínhamos encontrado uma boa ideia. Na quarta-feira os clientes já estavam parando, lendo os rótulos e começando a pensar sobre qual produto para dor de cabeça era melhor para eles. Naquele dia, várias das embalagens "vazias" de remédios superpotentes foram vendidas (trocadas por embalagens cheias pelo farmacêutico). Os funcionários da Boots UK precisaram repor rapidamente o estoque nas prateleiras. Simon Potts, alto executivo da Boots UK, ficou empolgado e estendeu calmamente a ideia para mais oito lojas. A evidência agora era impressionante; em média, houve um aumento considerável nas vendas da área farmacêutica, e tudo isso com muito pouco custo agregado. Em poucas semanas a ideia se espalhou por todas as lojas em território nacional.

Já havia muitos anos que a Boots UK analisava a posição das vendas dos produtos farmacêuticos, mas o que finalmente mudou não se deveu à análise de dados, mas à abordagem experimental de "transformar as coisas em realidade".

Ser capaz de extrair as questões mais decisivas de um aglomerado de dados ou de utilizar a "abordagem de um minuto" (*elevator pitch*) tornaram-se os componentes principais de qualquer pessoa ambiciosa em uma grande empresa (depois de anos de prática, essas habilidades passam a ser instintivas na maioria dos altos executivos). Quanto mais a vida no ambiente de trabalho gira em torno de apresentações de 100 páginas, mais distantes nos sentimos dos clientes. Vi muitos executivos se referirem ao "mundo real" ou ao "mundo lá fora". Para mim isso soa como uma tácita confissão de que o mundo em que eles vivem é genuinamente irreal.

"Transformar ideias em realidade" é um estado de espírito que nos estimula a traduzir uma ideia em um formato que os consumidores possam reconhecer. Isso significa que nós nos aproximamos das reações inconscientes e desinibidas que os consumidores têm. Tornar as coisas reais efetivamente substitui o diálogo da atividade de negócios (que pode corporificar os consumidores como "eles") por um diálogo em primeira pessoa. Agora o que importa são "minhas" reações, minha intuição e meus julgamentos.

A transformação de ideias em realidade é para todos os tipos de organização. Organizações de serviços que trabalham com produtos intangíveis, empresas *on-line*, organizações *business to business* (B2B) e empresas de bens de consumo, todas podem concretizar suas ideias.

A transformação de ideias em realidade tem um papel fundamental em todos os estágios do ciclo de vida de uma inovação. Logo no começo, quando estamos apenas rabiscando algumas ideias semiformadas, **"tornar real"** significa mudar a maneira como conversamos uns com os outros. Nesse momento paramos de descrever uma ideia empregando um "jargão de negócios" e o fazemos mais como um cliente ou como um consumidor veria e falaria sobre o que está em pauta. A criação conjunta de ideias com os consumidores nesses primeiros estágios agiliza a inovação.

Posteriormente poderemos transformar uma ideia de produto em algo real por meio de um esboço ou tornar a ideia de um serviço real com uma simples encenação. Transformar ideias preliminares em protótipos básicos agiliza o *feedback* e gera confiança na equipe de desenvolvimento. Assim é possível iterar a ideia e receber mais *feedback* de uma comunidade mais ampla. Tornar o modelo de negócio real permite que todos os colegas de um empreendimento contribuam e oferece uma boa possibilidade de sucesso durante os ajustes inevitáveis e inerentes à comercialização. E isso não termina no dia do lançamento. Muitas organizações estão vendo isso como apenas um estágio do processo de inovação. Outros ciclos de desenvolvimento são planejados logo após o lançamento.

Este capítulo examina de que forma é possível tornar as coisas reais ao longo do ciclo de desenvolvimento de uma ideia e compartilha algumas observações sobre o que é necessário para incorporar a mentalidade de **"transformar ideias em realidade"**.

Transformar em realidade: o nascimento de uma ideia

A **concreção** é útil desde o momento em que uma ideia nasce, muito antes do estágio de *design* e desenvolvimento. Suponhamos que você esteja conversando com um amigo em um bar, em um táxi ou ao telefone. Ele tem a "semente de uma ideia": você pode franzir a testa e erguer as sobrancelhas. Você pode questionar a ideia (Que receita isso gerará? Que retorno sobre o investimento oferecerá?) ou sugerir que juntos, naquele exato momento, vocês transformem essa ideia em realidade.

Transformar as coisas em realidade nos oferece a oportunidade de mudar os planos e de melhorar fundamentalmente as possibilidades de inovação. Portanto, transformemos isso em realidade: quem imaginamos que poderia usar isso? O que essa pessoa diria a um amigo sobre isso? Isso cabe em meu bolso?

> "Tá, eu não tenho certeza se eu entendi direito sua ideia, mas vamos nos sentar e explorá-la um pouquinho — como podemos torná-la real agora? Você pode desenhá-la para mim? Vamos convidar Saskia para conversar com a gente; o cliente é ela, não nós."

> *"Ei, essa nova ideia de produto parece interessante, mas como podemos transformá-la em realidade agora? Vamos ligar para um cliente simpático e fingir que isso existe — vamos ver se conseguimos agendar uma reunião?"*
>
> *"Estou curioso a respeito da ideia desse novo serviço. Vamos representar isso agora: eu finjo que sou o cliente e você o vendedor. O que poderíamos dizer e fazer?"*

"Até que ponto podemos tornar isso real agora?" Essa é uma das perguntas mais excepcionais na área de inovação. Ela nos possibilita investigar mais a fundo a experiência do consumidor. A concreção é uma atividade inicial fabulosa, que pode ser uma conversa, uma simulação ou uma maquete básica.

Transformar em realidade: a inovação colaborativa gera ímpeto

Ouça isso. Trata-se de um anúncio de rádio para a 48, uma nova operadora telefônica lançada em 2012 que está conquistando com sucesso o mercado irlandês:

"Vou paquerar, namorar e terminar. Vou até partir seu coração. Vou passar meu número para os caras sabendo que está faltando um dígito. Vou sair por uma hora e voltar às escondidas na manhã seguinte. Vou acordar no seu sofá e não terei a mínima ideia de quem você é. E se você não gostar disso, vá se fo***."

Se você se sentiu incomodado ao ler isso provavelmente é porque você não faz parte do público-alvo. A 48, pertencente à Telefonica, estava se dirigindo a adolescentes entre 18 e 22 anos de idade na Irlanda. A exclusiva da estrutura de determinação de preço e a sua propaganda realista foi imenso êxito.

Dave me explica o que é linha de impedimento no futebol utilizando apenas os itens disponíveis na mesa do restaurante. A importância de transformar as coisas em realidade é infindável!

> *Em vez de desenvolver uma abordagem sequencial tradicional, providenciou para encontrar adolescentes supercriativos para trabalhar com eles, reunindo-os durante um curto espaço de tempo."*

Depois de escolher os jovens como público-alvo, a Telefonica logo reconheceu que não importa o quanto os executivos de meia-idade saem com os jovens, eles nunca serão capazes de representar com precisão sua visão sobre a vida, seu humor e sua linguagem.

Por isso, a Telefonica fez algo radical. Em vez de desenvolver uma abordagem sequencial tradicional, em que uma comissão de executivos pesquisa e depois desenvolve ideias com uma agência externa, providenciou para encontrar adolescentes supercriativos para trabalhar com eles, reunindo-os durante um curto espaço de tempo com o objetivo de criar um produto de relevância extraordinário no mercado-alvo.

O recrutamento de jovens criativos demorou mais do que a Telefonica imaginava. Isso porque estava procurando jovens entre 18 e 22 anos de idade, que fossem inteligentes, descolados e tivessem vontade de viver. Além disso, eles precisavam ter habilidades criativas, como redação publicitária, produção de filmes ou atuação. Acima de tudo, esses adolescentes precisavam ter aptidão para trabalhar em equipe em uma sala durante uma semana. Foram necessárias várias semanas de entrevistas para encontrar as pessoas certas. Os jovens foram instruídos a criar uma ideia chocante que pudesse correr por toda a Irlanda e abocanhar rapidamente uma participação de mercado — os jovens de 18 a 22 anos precisariam adorar a ideia (e seus pais muito provavelmente a odiariam).

A nova equipe de criação recém-recrutada passou uma semana enfrentando um "caos organizado" em um espaço exclusivo em Dublin. Havia um plano esquemático, uma dupla de facilitadores competentes para atuar como "animadores", um grande espaço na parede para a exposição de ideias, muita música, muita risada e muito café. Ideias de todos os tipos sobre os novos conceitos foram lançadas: ideias de comunicação, ideias de nome, ideias de estratégia de mídia, ideais de estrutura de determinação de preço, ideias de roteiro de *call center* e ideias de distribuição foram desenhadas, representadas e escritas. Em poucos minutos, elas foram redesenhadas, novamente representadas e reescritas.

A equipe da Telefonica apoiava e, quando possível, aproximava-se dos jovens. Os membros mais velhos e experientes da equipe apareciam de vez em quando. Contudo, conscientes de que sua vibração de veterano poderia "infectar" o grupo, eles se ausentavam rapidamente. A sala se preenchia gradativamente de ideias. Na sexta-feira já não havia mais necessidade de apresentações. As grandes ideias eram escritas nas paredes com letras garrafais: "Faça 18 anos — e os melhores 48 meses de sua vida estarão garantidos."

No espaço de uma semana o *mix de marketing* completo para havia sido transformado em realidade. Mas a criação colaborativa (cocriação) e sua dinâmica não foram interrompidas após a primeira semana de desenvolvimento da marca. A Telefonica contratou alguns dos participantes para atuar como guardiões de criação da marca. Eles tiveram duas semanas para redigir os roteiros dos anúncios de rádio e televisão e os textos das propagandas ao ar livre que sensibilizassem seus colegas (adolescentes de 18 a 22 anos de idade).

> *Esse foi um processo de criação colaborativa rápido e barato e essa iteração não foi interrompida no lançamento."*

Em poucas semanas eles criaram um comercial de TV e gravaram um *spot* de rádio, e a 48 foi lançada com uma oferta única, disponível apenas para jovens entre 18 e 22 anos — todas as mensagens de texto e todas as ligações, para qualquer companhia, por apenas 10 euros por mês. Por trás disso não havia nenhuma marca tradicional nem nenhum pensamento operacional, apenas o envolvimento com um grupo de consumidores cuidadosamente selecionado. Esse foi um processo de criação colaborativa rápido e barato, e essa iteração não foi interrompida no lançamento; a Telefonica concluiu que a 48 estava 70% pronta no lançamento e sabia que ela poderia e de fato se desenvolveria após o lançamento, quando os consumidores interagissem com a marca.

Esse é um nível extraordinário de "transformação de ideias em realidade". Apenas seis meses depois do lançamento a 48 tinha quase 100% de reconhecimento junto ao público-alvo e hoje é a rede que mais cresce na Irlanda. O projeto durou quatro meses, de uma folha de papel completamente em branco até o lançamento. Uma abordagem um pouco mais tradicional seria mais ou menos assim:

3. Transformando Ideias em Realidade

Acordo sobre os objetivos e o processo de governança e designação da equipe de projeto por parte da equipe de patrocinadores
▼
Formação da equipe e contratação de pesquisas
▼
Revisão das pesquisas e desenvolvimento de um *briefing* de comunicação e desenvolvimento do produto
▼
Criação e análise de novas ideias
▼
Acordo sobre uma rota a seguir
▼
Primeiro estágio de pesquisa e refinamento do conceito
▼
Envolvimento das partes interessadas e desenvolvimento de um *business case* (caso de negócio)
▼
Teste do *business case* e socialização com outras partes interessadas
▼
Reunião sobre "Prosseguir/não prosseguir"
▼
Planejamento do lançamento

Essa sequência de processos levaria pelo menos 12 meses, sem nenhuma garantia de que a qualidade do resultado seria melhor do que o caminho não convencional de criação colaborativa (cocriação).

O desenvolvimento da 48 (não entre no *YouTube* e não veja a propaganda se você tiver uma filha de 18 anos) é um grande exemplo de criação colaborativa. Em vez de contratar pesquisas, a Telefonica empreendeu todos os seus esforços para encontrar os criadores colaborativos corretos e lhes ofereceu o ambiente apropriado e um *briefing* transparente.

Criação colaborativa é o desenvolvimento conjunto de uma ideia com seus usuários ou operadores finais. A Telefonica conseguiu os ingredientes certos com a 48. Porém, não se engane, uma semana de caos criativo requer muito planejamento e uma habilidosa orquestração.

De acordo com minha experiência, uma boa criação colaborativa requer:

- **Um *briefing* com escopo restrito** – A criatividade adora limites. Por isso, não dificulte o trabalho dos criadores colaborativos com uma imensidão de oportunidades impraticáveis. A nova "marca" 48 foi rigidamente delimitada. Seu alvo era um grupo etário específico e ela precisa ter uma estrutura de preço abaixo do concorrente mais próximo.

- **A escolha a dedo dos clientes** – A criação colaborativa depende da qualidade dos protagonistas — não seja mesquinho nesse estágio do processo. A grande diferença entre a abordagem da 48 e uma abordagem de código aberto é a qualidade dos participantes escolhidos a dedo. O período de recrutamento demorou quase três vezes mais do que o período de criação colaborativa.

- **Plano esquemático** – Os criadores colaborativos precisam de um **"animador"**, alguém que possa colocar as coisas de volta no caminho certo. A semana de criação colaborativa da 48 não foi excessivamente planejada, mas também não foi aleatória.

- **Uma abordagem holística** – Essa forma de transformar coisas em realidade lhe permitirá iterar a execução e a estratégia paralelamente. Em um minuto a equipe da 48 estava trabalhando no nome e no minuto seguinte no modelo de distribuição.

- **Recursos** – Os criadores colaborativos devem ser capazes de expressar suas ideias em diferentes meios, mas isso não precisa custar os olhos da cara. A equipe da 48 ficou deliberadamente restrita à capacidade de visualizar ideias. Isso era tudo o que o grupo conseguiria fazer no tempo designado; qualquer coisa a mais seria uma distração.

- **Intensidade** – A percepção de urgência cria uma atmosfera frenética e estimulante. Na prática, os criadores colaborativos da 48 ficaram disponíveis apenas por um curto período, durante as férias de verão.

> *Não se engane. Uma semana de caos criativo requer muito planejamento e uma habilidosa orquestração."*

Transformar em realidade não é uma novidade

Há mais de cem anos, Thomas Edison e sua equipe de criação de protótipos **Muckers** fizeram centenas de experimentos no Menlo Park, em Nova York, criando a lâmpada elétrica e fazendo várias outras invenções. Acho fascinante que suas palavras naquela época sejam inexplicavelmente apropriadas para os dias de hoje. Elas são expressas como em um manual de instruções de pesquisadores modernos:

"Se eu descobrir 10.000 maneiras pelas quais algo não funcionará, não terei falhado. Não me sinto desencorajado, porque cada tentativa errada descartada geralmente é um passo para a frente [...]."

> "Nunca fiz nada que valesse à pena apenas por acidente [...]. Praticamente nenhuma das minhas invenções foi obtida por acaso. Elas foram alcançadas porque me treinei para ser analítico e para enfrentar e tolerar um trabalho árduo."
>
> "Mostre-me um homem perfeitamente satisfeito e eu lhe mostrarei um fracasso."
>
> "Só porque algo não realiza o que você planejou não significa que seja inútil."
>
> "Inquietação é descontentamento, e descontentamento é a primeira necessidade do progresso."
>
> "A genialidade é 1% inspiração e 99% transpiração. Consequentemente, um 'gênio' com frequência é uma pessoa de talento que fez o dever de casa."

Transformar em realidade: dando vida aos protótipos e validando ideias

A tecnologia exerceu um imenso impacto na "transformação de coisas em realidade". Quando comecei a atuar na área de inovação, costumávamos montar protótipos com papelão e fita adesiva. Às vezes nosso escritório se parecia com um jardim de infância. Hoje, podemos "imprimir" modelos quase perfeitos em 3D, em qualquer parte do mundo. Do dia para a noite podemos criar *sites* funcionais que simulam um novo negócio. E podemos avaliar se os consumidores gostam de nossos protótipos em vários países, simultaneamente e em tempo real. Essa tendência continuará, mas ela é digitalmente habilitada, e não digitalmente conduzida. Primeiro, você precisa conhecer os princípios da transformação de algo em realidade.

3. Transformando Ideias em Realidade

Raciocínio incorreto gera resultados corretos

As histórias verídicas são aquelas de entretenimento do mundo dos negócios. A história da inovação faz ziguezagues quando resultados inesperados bloqueiam um caminho apenas para que outra oportunidade se abra. Essas experimentações são aventuras reais — repletas de angústia, entusiasmo e conversas acaloradas noite adentro.

O desenvolvimento do aspirador de pó Dual Cyclone, da Dyson, que dispensa o saco descartável para armazenamento do pó é um extraordinário exemplo de aventura da inovação. James Dyson precisou desenvolver 5.126 protótipos para acertar. Essa é uma história de experimentação constante e de determinação — Thomas Edison teria aplaudido. Mas Dyson não é apenas um inventor. Seu método iterativo o ajudou a conduzir sua ideia inicial até um teste de mercado, explorar diferentes canais de venda e escalonar o negócio. Atualmente, os aspiradores de pó da marca Dyson são líderes em muitos mercados ao redor do mundo. A filosofia experimental continua valendo a pena, visto que outras inovações chegam ao mercado; os secadores de mãos Airblade funcionaram, a máquina de lavar com o sistema de contrarrotação não. O valor estimado da empresa de James Dyson, agora *sir* James, é surpreendentemente alto — um **bilhão de libras**.

Toda a história começou no final da década de 1970. Dyson estava frustrado com o péssimo desempenho do aspirador de pó doméstico Hoover Junior. Então estudante de *design* industrial, Dyson desmontou o problemático aspirador para desvendar de que forma a espessa camada de sujeira que se acumulava diminuía a sucção e acabava obstruindo o aparelho.

"Eu estava furioso [...]. Estávamos sendo vítima de um imenso golpe dos fabricantes. Eles colocavam esses sacos descartáveis e essas porcarias entupiam quase que imediatamente, e isso já vinha ocorrendo havia 100 anos. Havia gastado todo aquele dinheiro com o aspirador mais poderoso que havia sido produzido, e ele era tão imprestável quanto o antigo que sempre tive, que acabou ficando permanentemente e irrecuperavelmente entupido."

Alguns anos antes Dyson havia adaptado o enorme sistema de extração de pó ciclônico utilizado nas serrarias para sugar o excesso de pintura em *spray* da fabricação de outra de suas invenções — o carrinho de mão Ballbarrow. Com isso em mente e ainda indignado com o aspirador de pó, pegou o que estava à mão em sua cozinha: caixas de cereais, tesouras de cozinha e fita adesiva. Em pouco tempo ele construiu um cone ciclônico, de 30 centímetros de altura, completamente funcional. Quando incorporado à base do aspirador de pó original, a força centrífuga movimentava a sujeira para cima em direção a um buraco de saída e por fim a sujeira se assentava na base do cone. Dyson limpou sua casa duas vezes para provar para si mesmo que aquela coisa realmente funcionava.

Foram necessários vários anos para o desenvolvimento de um protótipo: "Meus dedos adormeceram com o frio, me aconcheguei como Bob Cratchit a uma única vela e preparei o martelo para destruir outro protótipo do ciclone [...]. Durante três anos fiz isso sozinho [...] algumas vezes costumava perder completamente o controle quando um modelo dava errado depois de semanas de planejamento, e Jacob (seu filho) disse-me recentemente que ele se lembrava muito bem do barulho das placas de acrílico sendo destruídas na estrebaria ou no porão e de minha explosão em um vociferante tufão de profanação." Com o tempo Dyson produziu um aspirador de pó, sem saco descartável, que podia aspirar qualquer coisa — até líquidos — sem perda de sucção.

Dyson deu muitas voltas antes de chegar ao mercado, mas acabou lançando seu primeiro aspirador de pó dual ciclônico em 1993 no Reino Unido. O Dyson DC01 e seus modelos subsequentes invadiram toda a Europa, depois o Japão, a Australásia e os EUA para se transformar no aspirador mais vendido de todos os lugares. A princípio, as incumbentes do mercado recusaram-se a acreditar que aquele aparelho estranho, construído em um galpão e que custava o dobro do preço dos outros aspiradores, era um bom negócio. Mas finalmente, quando confrontados com a queda no preço das ações, eles surgiram com aparelhos de aparência semelhante.

O método de inovação de Dyson é sintetizado por sua frase "raciocínio incorreto". A inovação não nasce de planos cuidadosamente pensados, mas de um pensamento anticonvencional, da transformação das coisas em realidade e da consciência de que você terá de enfrentar muitas outras iterações antes de acertar. "O raciocínio cuidadoso" não funciona porque os seres humanos têm a grande habilidade de se autocensurar, o medo de falhar é tão grande que bloqueamos ideias arriscadas – um tipo de reação automática segura. Quando Dyson surgiu com a ideia da lixeira limpa, que coleta a sujeira e os detritos, todos à sua volta rejeitaram a ideia. Mas Dyson acreditava nela. Quando a transformou em algo real, teve um imenso sucesso, e agora essa lixeira é um item muito copiado.

Hoje, Dyson insiste para que todos os novos funcionários de sua empresa montem um aspirador Dyson Dual Cyclone em seu primeiro dia de trabalho. O uso de gravata é desaconselhado, já que elas não têm nenhum benefício funcional. *Design* e engenharia são uma função. Esse negócio é construído com paixão e persistência, e transformando ideias em realidade da forma mais rápida e barata possível.

Dyson investiu muito tempo para desenvolver essa ideia, criando mais de 5.000 protótipos. A cada novo protótipo, o subsequente era aperfeiçoado. Mas lá no fundo de sua mente ele provavelmente se perguntava: "Isso é de fato bom? Alguém o comprará?". Se compartilharmos amplamente nossos protótipos ou simulações, fizermos as perguntas adequadas e estivermos preparados para "ouvir" críticas, um método experimental pode nos ajudar a validar uma ideia. Apresento a seguir algumas perguntas simples, mas reveladoras, que todo inovador deve fazer:

- **"Como você venderia isso a um grande amigo?"** Neste caso ouvimos com cuidado a linguagem empregada para descrever benefícios. Com frequência os consumidores conseguem explicar por que algo é tão bom, melhor do que a maioria dos executivos ou do que suas agências de propaganda.

- **"Se você comprar/usar isso, o que deixará de fazer?"** Essa pergunta é uma indireta em relação à finalidade real de um novo produto ou serviço. Ao forçar as pessoas a lhe dizer o que elas deixarão de fazer se começarem a usar sua fantástica invenção, você de fato as testará. Lembre-se, se sua "invenção" tornar a vida mais complexa, ela não funcionará.

- **"Isso é melhor, igual ou tem um valor inferior?"** Não faça essa pergunta de forma agressiva ou muito inquisitiva; ofereça ao entrevistado toda oportunidade possível para que ele expresse um valor de paridade. Caso ele não consiga fazer isso, aí estão as suas notícias. Não há nenhum motivo para alguém mudar seus hábitos de compra por um produto ou serviço de valor semelhante.

Apresento aqui algumas lições que aprendi ao longo do tempo para criar protótipos de produtos ou simular serviços:

1. Planeje várias rodadas de experimentação — não apenas um único e extenso experimento.

2. Como é apenas um experimento, você pode ser anticonvencional. Não se autocensure. Deixe fluir e seja radical.

3. Seja sincero com os outros e adiante que nem tudo dará certo. Gosto do lema do *Facebook*: "Mova-se rápido e quebre coisas." (no sentido de recuperar paradigmas)

4. Comece com várias hipóteses e resista à tentação de pensar que você tem uma ideia vitoriosa logo de saída. O nome do jogo é **explorar alternativas**.

5. Reconheça que você provavelmente precisará destruir seu protótipo favorito. Supere isso. Não se apegue demais; continue entusiasmado, mas mantenha a objetividade.

6. Comece rápido. Comece em silêncio. Ganhe confiança antes de divulgar a sua ideia.

7. Inicie com custos baixos e apenas com o essencial. Você sempre poderá adicionar outros ingredientes posteriormente.

8. Mostre suas simulações ou maquetes desde o começo e com frequência.

9. Seja decisivo em suas adaptações. Testar recursos ambíguos ou ineficazes não beneficia ninguém. Na verdade é melhor reforçar elementos do *design* para garantir uma boa leitura (boa apresentação).

10. Seja generoso. Nunca nenhuma ideia é apenas sua. Ninguém sozinho a transformará em realidade. A experimentação necessita de uma comunidade e de espírito cooperativo.

Prova: a concreção diminui os riscos

Concreção é a resposta prática para a máxima de administração mais perturbadora: "Suporte o fracasso." Quem é o louco que deseja suportar o fracasso quando tem família e hipoteca? A concreção, entretanto, é um conceito mais sutil e refinado. O fato de você conduzir uma série de microexperimentos significa que poderá apertar o botão de emergência muito mais facilmente do que quando está especulando um lançamento em megaescala.

Um método experimental para a resolução de problemas também tem se revelado mais eficaz do que um "surto de trabalho". Pesquisadores da Universidade de Stanford (Dow *et al.*, 2009) pediram a 28 participantes que desenvolvessem algo para proteger um ovo em caso de queda. Metade dos participantes desenvolveu, testou e iterou sua ideia do protetor depois de 5, 10, 15 e 25 min. Os outros participantes permaneceram o tempo todo em um único *design* e só tinham permissão para testá-lo no final da sessão. Todos tiveram acesso a recursos semelhantes (papel, fitas e outros materiais). Os resultados mostraram que os participantes que podiam iterar superaram significativamente o desempenho dos demais, alcançando aproximadamente o dobro da altura de queda em que os ovos não se quebravam — em alguns casos, a 4,5 m. **Sem dúvida essa é uma ideia para experimentar em casa com as crianças!**

Nesse experimento, os participantes que iteraram (foram melhorando) os protótipos disseram que no início se sentiram estressados — em vista da pressão para realizar o experimento rapidamente. Porém, segundo os pesquisadores, foi isso que os levou a descobrir falhas ao iterar seus projetos, ao passo que aqueles que não tiveram essa oportunidade só conseguiram especular a respeito do desempenho final de seu projeto.

Transformar em realidade: coragem e força de vontade

Apresento aqui uma maneira simplificada de olhar para um processo de inovação:

$$I \times I \times I \times I = I$$

ou

$$\text{Identificar} \times \textit{Insight} \times \text{Ideia} \times \text{Impacto} = \text{Inovação}$$

Nessa equação:

- **Identificar** = O propósito estratégico

- *Insight* = Algo necessário que ainda não tenha sido identificado ou criado, oportunidade de diferenciação ou de preenchimento de uma lacuna

- **Ideia** = O conceito central

- **Impacto** = Da comercialização da ideia ao lançamento

Você já notou que, em vez de somar, essa equação multiplica. Por isso, se qualquer um desses elementos for **0** (zero), o resultado da equação será **0**. Em outras palavras, todo estágio do **processo de inovação** desempenha um papel fundamental.

É muito fácil perceber que a última parte do processo é a mais estressante, cara e propensa a erros crassos. Fazer um novo produto ou serviço atravessar a linha de chegada e entrar no mercado pode significar 99% do trabalho. Isso não é coisa para covardes, e muitas inovações fracassam porque a alta administração perde a paciência ou perde a conexão com o motivo pelo qual a ideia era tão boa no início. A "transformação de ideias em realidade" tem um papel fundamental no sentido de reforçar a determinação tanto da equipe de inovação quanto da equipe de patrocinadores.

O jornal gratuito *Metro* é o "café da manhã" de mais de 3,6 milhões de usuários de metrô no Reino Unido. Contudo, quando foi lançado em 1999, batalhou para decolar, embora a novidade de ser menor do que a maioria dos jornais e grampeado. A equipe de liderança do *Metro* em Londres decidiu sair do escritório e experimentar de fato seu mercado. Ela se juntava à equipe de entregadores todos os dias às 5h da manhã. Em uma dessas manhãs eles estavam em pé à saída da *Drain*, a escada rolante da estação de metrô Waterloo em Londres que escoa todos os dias centenas de milhares de trabalhadores cansados. Bastou olhar para aqueles trabalhadores para a equipe do *Metro* se dar conta de algo. Eles estavam diante de funcionários de escritório bem-sucedidos que normalmente não tinham nem um minuto a perder, exceto quando estavam presos em suas viagens diárias de ida e volta ao trabalho. As pessoas nessas circunstâncias eram o sonho de qualquer publicitário!

No mundo da televisão, alguns intervalos comerciais são vendidos por uma pequena fortuna, como o intervalo de um jogo importante ou de um seriado popular, quando a audiência é grande e cativa. Esse é o chamado horário nobre da televisão, e o *Metro*, entusiasmado ao ver todos aqueles viajantes cativos entediados, adaptou com inteligência essa terminologia e chamou seu espaço publicitário de *Prime Time Print* ("publicação do horário nobre").

Agora eles precisavam transformar isso em realidade para o conselho de administração e obter sua adesão. Isso era fundamental, visto que a equipe do *Metro* estava propondo um aumento expressivo nas taxas dos anúncios, de modo que fossem compatíveis com o conceito de horário nobre. Os executivos, inspirados pelo que haviam visto, persuadiram o conselho de administração a deixar o conforto de suas salas e entrar na *Drain*. Os diretores também puderam ob-

> servar aquela grande onda cativa de usuários entediados desfilar. Ver seus clientes com os próprios olhos, perceber que lhes faltava um jornal londrino **"fácil de ler"** e observar aquele imenso volume de pessoas provocou um profundo impacto no conselho. Eles concordaram com a mudança nas taxas dos anúncios.
>
> Um novo modelo de negócio havia nascido; as taxas dos anúncios e os lucros aumentaram. Agora o *Metro* é o **maior** e **mais lucrativo jornal matutino gratuito** do mundo e tem uma próspera presença *on-line*. Hoje, as taxas dos anúncios são quase o dobro da taxa de um jornal nacional médio, e os anunciantes pagam um **preço especial** para publicar anúncios no *Metro* dirigidos a adultos de classe média e abaixo de 35 anos de idade.

A história do *Metro* demonstra como as necessidades do consumidor e a grande escala de oportunidades foram transformadas em realidade. Há uma grande diferença entre falar sobre uma oportunidade na sala da diretoria e vê-la ou senti-la por si só. Transformar as coisas em realidade fortaleceu a determinação dos diretores e fez a inovação romper a linha de chegada.

As maquetes podem fazer truques interessantes com a nossa mente. De certo modo, segurar uma maquete e sentir o peso dela nas mãos nos faz sentir como se aquilo realmente existisse. E mostrá-la a um cliente e ver sua emoção pode de fato mudar a química do nosso cérebro. De repente lhe parece impossível viver sem aquela novidade. Nesse momento você se compromete a fazer acontecer.

James Averdieck é o fundador da Gü, empresa de suflês de chocolate e *brownies* avaliada em US$ 80 milhões que opera na Alemanha, na França, na Austrália, na Nova Zelândia e no Reino Unido. Sua propagandas anunciam *"nibbles and naughties of chocolate extremism that's strictly for adultos"* ("mordidas e malícias do extremismo do chocolate estritamente para adultos"). Observe o que diz James Averdieck — "O chocolate tem a ver com prazer e satisfação; ele põe para fora a criança que existe dentro de você e o faz se lembrar de como é bom enfiar a mão na tigela de batedeira". As regras da Gü são inconfundíveis: "Entregue-se à felicidade", "Prudência é muito 1658" e "O que é comum não tem propósito".

Em 2002, quando Averdieck teve a primeira ideia de suas sofisticadas guloseimas de chocolate geladas, ele ia chamá-las de *"The Belgian Chocolate Company"* ("Companhia de Chocolates Belga"). Não contente com a falta de brilho do nome da marca, contratou uma agência de *design* para criar uma identidade de marca. A agência elaborou o *brief* e convidou Averdieck para visitá-lo em seu escritório. Eles lhes mostraram uma marca que o diretor de criação da agência havia encontrado na Escandinávia. "Gü" tinha um toque exótico, uma grafia onomatopaica brilhante, e o *design* parecia perfeito para as mamães atraentes e sofisticadas que Averdieck pretendia atingir. Ele ficou arrasado; alguém em outro lugar havia tido a mesma ideia que ele. Pior do que isso — o nome e a embalagem que eles conseguiram criar eram fabulosos. Averdieck ficou inconsolável. Mas na verdade não havia nenhuma marca na Escandinávia, não havia nenhum concorrente. A agência havia pregado uma peça em Averdieck, a identidade Gü era toda dele!

Acho que esse é um ótimo exemplo de truque mental. É claro que é uma aposta arriscada. Imagine o que teria acontecido na reunião se a reação de Averdieck tivesse sido: "Tudo bem, mas podemos fazer melhor do que isso, certo?". Não se cria um protótipo sem correr riscos. Você se expõe tanto a criticas quanto a elogios. A moral dessa história é que algumas vezes você só se dá conta de que quer uma coisa quando percebe que já não pode tê-la.

O truque furtivo, mas eficaz, da concreção havia funcionado com Averdieck. Semanas mais tarde ele entrou disfarçadamente na sofisticada mercearia Waitrose na Kings Road em Londres. Sem que fosse observado, ele reorganizou uma pequena seção da loja e dispôs cuidadosamente quatro embalagens vazias de seu suflê de chocolate na prateleira. Um tanto ansioso, afastou-se. Em poucos minutos uma cliente aproximou-se, estendeu a mão e pegou uma das embalagens.

Depois do que pareceu a Averdieck uma eternidade, ela colocou a embalagem falsa em seu carrinho de compras. Averdieck então fez duas coisas. Primeiro, pediu desculpa à cliente, tirou a embalagem de suflê do carrinho dela e desapareceu. Segundo, convenceu-se de que deveria se dedicar à criação da Gü. Era desse argumento à ação que Averdieck precisava — apenas uma prova para respaldar o que ele sabia que era verdade, exatamente o suficiente para tirá-lo do centro e convencê-lo a dar o próximo passo em sua caminhada.

Transformar em realidade: antes e depois do lançamento

Antony Jenkins, diretor executivo do Barclays Retail and Business Bank, não precisou de muitos argumentos para se convencer quando a ideia que ficou conhecida como Barclays Pingit lhe foi apresentada no verão de 2011. Ele sabia que a tecnologia mudaria o mundo das finanças para sempre e que era o momento certo para aquela ideia que estava diante dele; transferir pequenas quantias de um *smartphone* para outro celular. Em vez de se preocupar em tirar dinheiro, as pessoas poderiam pagar a babá, a loja de conveniência ou a merenda dos filhos no colégio por meio de um telefone e em apenas alguns segundos. Com alguns poucos cliques, o *smartphone* efetivamente instrui seu banco a transferir dinheiro para outro banco — sem cartão, sem caixa eletrônico, sem dinheiro vivo, sem aborrecimento.

"Adorei a ideia, quando posso tê-la?. Será que consigo isso até meu aniversário de casamento em outubro?", perguntou Jenkins à sua equipe. A resposta foi um educado: "Não". O programa de desenvolvimento levaria pelo menos dois anos. Jenkins recusou-se a aceitar que era necessário um processo sequencial e estendeu o prazo até o Natal. Por fim a equipe concordou com um cronograma de desenvolvimento de seis meses e com a data de lançamento em 2012, no Dia dos Namorados.

Um redemoinho de inovação havia sido desencadeado. Em vez de um mecanismo de gerenciamento de programação em que as atividades são sequenciais, o Barclays adotou uma abordagem diferente. Agora os técnicos, os profissionais de *marketing*, os advogados, as equipes de risco e os *designers* tinham de trabalhar em conjunto em um grande centro de comando. Eles colocaram uma equipe de desenvolvimento para o *iPhone* no Reino Unido em constante contato por vídeo com equipes de desenvolvimento semelhantes para o BlackBerry e Android no Texas.

Anteriormente, o Barclays já tinha lançado várias outras inovações, como o cartão de pagamento sem contato, um cartão de crédito que funcionava como cartão de viagem pré-pago (um *"Oyster Card"* para quem vive em Londres) e para a realização de pagamentos por meio de um *smartphone*. Isso significava que eles tinham uma boa intuição. Eles não investigaram a fundo a ideia. Em vez disso, decidiram trancafiar seus colegas no centro de comando e obter seus pontos de vista a respeito do trabalho realizado no dia.

Poucas semanas após o lançamento já haviam sido feitos 500.000 *downloads* do sistema Barclays Pingit. A Apple apresentou esse aplicativo como o mais vendido. Nada mal para um banco em um setor tradicionalmente adormecido que havia se acostumado com arrivistas como PayPal ou Wonga comendo em seu terreiro.

Mas esse espírito de "tornar real" estendeu-se ao lançamento em fevereiro. Em vez de esperar até que tudo ficasse perfeito, o Pingit continuou sendo aprimorado após o lançamento. Em poucas semanas a equipe se deu conta que era necessário diminuir a idade mínima para a utilização do aplicativo de 18 para 16 anos. Além disso, eles possibilitaram que o Pingit tirasse proveito dos códigos promocionais QR (*quick response*) que as pequenas lojas deixavam próximos do caixa. Muitas outras atualizações pós-lançamento estão programadas. Como diz Jenkins: "Podíamos ter passado mais de seis meses investigando a ideia ou então simplesmente introduzi-la no mercado e aperfeiçoá-la depois. Não inovamos apenas para o consumidor; inovamos a forma como realizamos inovações."

Olhando para a história do "Barclay Pingit", podemos perceber muitas facetas da inovação: uma equipe que trabalha rapidamente, confia em seus instintos e transforma ideias em realidade durante a fase de desenvolvimento e até mesmo após o lançamento. O espírito de "tornar real" foi fortalecido pelo tom que Jenkins estabeleceu para o programa de desenvolvimento. "Eu precisava estar aberto para fazer as coisas de forma diferente. Não sou suficientemente competente para fazer isso sozinho, não tenho as respostas. Tivemos de fazer isso juntos." Esse espírito de humildade é essencial para equipes ágeis e dinâmicas em que ouvir e respeitar são atitudes raras e procuradas.

O projeto foi conduzido pelo diretor de operações Shaygan Kheradpir, tecnólogo experiente que anteriormente havia sido diretor de informações e diretor de tecnologia da Verizon. Jenkins admite que, para inovar, é necessário ter pessoas de fora com diferentes experiências.

O processo de transformar coisas em realidade não pode ser lento. Jenkins instigou a equipe. Não apenas determinando um prazo (ele admite com franqueza ser um "incansável insatisfeito"), mas lhes oferecendo uma percepção de propósito. "Precisamos de algo mais importante do que o dinheiro como propósito, e é fácil ficar complacente", enfatiza Jenkins. Não há nenhum motivo que obrigue um banco de 320 anos de existência a se tornar um banco de 330 anos — olhe para a Sony, Blockbuster e Nokia. Nosso propósito deve ser melhorar a vida de nossos cliente. Resolva essa questão e todo o resto se encaminhará por si só.

> *Esse espírito de humildade é essencial para equipes ágeis e dinâmicas em que ouvir e respeitar são atitudes raras e procuradas."*

O que é de fato necessário para tornar algo real

A transformação de ideias em realidade é impulsionada por um estado de espírito, por uma convicção de que realizar as coisas rapidamente e imperfeitamente e com uma honestidade brutal é a coisa certa a fazer.

Mas como você pode atingir esse "estado de espírito"? Você pode simplesmente adotar uma nova atitude? Não é conveniente instruir

3. Transformando Ideias em Realidade

os novatos em inovação a acreditar subitamente no concreto se eles nunca vivenciaram isso. O cérebro não funciona dessa maneira.

Lembre-se daquele velho ditado: "Os sentimentos seguem-se ao comportamento." Se você conseguir fazer com que as pessoas se comportem ou atuem de maneira "real" e percebam os benefícios disso, depois de algum tempo elas acreditarão no "real" e se tornarão defensoras entusiasmadas — **adeptas como eu!**

A transformação de ideias em realidade exige uma mentalidade "suficientemente boa", impõe que busquemos realizar o maior número de interações dentro de um orçamento apertado, que trabalhemos com discrição e prestemos atenção aos nossos comportamentos que constroem ideias.

1 Bom o suficiente

Os protótipos, modelos ou simulações bons o suficiente estimulam comentários e ação. Uma coisa "demasiadamente acabada" não desperta comentários. De certo modo, quando algo já está perfeito, está dizendo: "Não preciso de sua ajuda — estou bem!". Eu precisei dizer isso ao nosso pessoal de realização: "Isso está bom demais, parece excessivamente real. Vocês poderiam dar uma bagunçadinha nisso, por favor?".

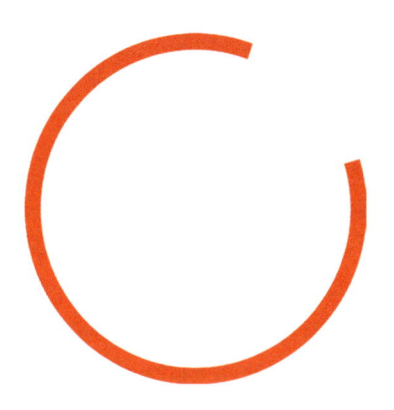

Veja o círculo incompleto da página anterior — é justamente isso o que faz com que os ótimos comerciais e as boas piadas tenham efeito. Você capta o suficiente da trama para conseguir completar a ideia rapidamente em sua mente. Na realidade, você completa o círculo em um microssegundo e sorri quando entende a moral da história. O importante é que você fez isso sozinho. Essa é uma história que você passa a pensar que agora é sua, porque existe um pouco de você nela.

O mesmo acontece com uma maquete ou simulação inacabada. Ela convida o observador a intervir e a completá-la ou ao menos a tentar completá-la. Nesse caso você também se sente mais apegado — você fez parte de alguma coisa. É por esse motivo que os protótipos não devem ser perfeitos.

Quando duas pessoas param de discutir sobre alguma coisa e começam a torná-la real ocorre algo curioso. Suponhamos que duas pessoas vejam um protótipo pela primeira vez. Uma delas pode ficar decepcionada. Ela o imaginou muito mais elegante e atraente do que aquilo que tem nas mãos. A outra pessoa se sente diferente — o protótipo parece ótimo para ela, exatamente como havia imaginado. O problema é que descrevemos novas ideias por meio da fala ou da escrita. Contudo, cada um de nós as interpreta de uma maneira diferente. Enxergamos as coisas em nossa mente de forma diferente. Para os inovadores isso pode ser muito arriscado. Quantas vezes você viu algo pela primeira vez e disse: "Hummm, não havia imaginado isso assim!". Fazer simulações e maquetes o mais rápido possível sem se preocupar com perfeição, essa é uma boa maneira de superar o problema de "imaginação". Assim, todos veem a mesma coisa.

Muitos executivos ficam muito estressados quando pensam na ideia **"bom o suficiente"** com respeito à inovação. Será que a ideia de brincar com modelos ou simulações em vez de utilizar planilhas faz parecer que isso é perda de tempo? De certa maneira, experimentar não parece algo muito prático e profissional. Seria pelo fato de ser muito divertido? Isso não se enquadra na autoimagem de um homem eficiente e persuasivo.

Repetindo, é por isso que precisamos mergulhar rapidamente na concreção. Pedir aos colegas para que deixem as planilhas de lado por algum tempo e simplesmente "tornem real" é algo que requer coragem. Pedir a pessoas competentes que relaxem e vejam "aonde isso vai nos levar" não é fácil. Porém, acredite, não demorará muito para que o mais cético dos céticos veja o quanto esse processo é valioso. Mas é fundamental vivenciá-lo para acreditar, não apenas falar a respeito.

2 O custo mais baixo

Experimentar significa formular hipóteses ou ter intuições, testá-las, aperfeiçoá-las com os resultados do teste e, em seguida, testá-las novamente. O objetivo de um experimento é conceber o maior número de círculos de "ciclos de aprendizagem e adaptação" antes de travar um investimento. Portanto, a fórmula é muito simples:

> **mais ciclos de aprendizagem = maior aprendizagem = melhor inovação**

Na realidade, a inovação é algo extremamente prático. Se você puder diminuir os custos para transformar as coisas em realidade conseguirá experimentar mais vezes e isso praticamente garante uma melhor inovação. Desse modo, essa fórmula pode ser simplificada:

> **corte de custos da experimentação = melhor inovação**

Se o custo da experimentação nos parecer muito alto, é improvável que realizemos uma série de testes iterativos. Pior ainda, começaremos a inovar e terminaremos realizando um enorme ciclo de experimentos — e nesse caso todos os ovos estarão na mesma cesta.

Na? What If! todos os dias transformamos ideias em realidade. É por isso que precisamos recrutar e criar uma rede de pessoas com habilidades diversas. Elas podem redigir rapidamente um roteiro, encontrar atores e fazer um pequeno filme para simular um novo serviço. Elas podem construir um modelo, simular um aplicativo, um novo tipo de suco, um cartão de crédito "quase real" — o que quer que seja. Elas podem fazer isso de um dia para outro e, por não serem tão afetadas, não se importam em destruir e começar tudo novamente. Concluímos que é importante ter esse pessoal na agência e à disposição — isso significa que "tornar real" tem um baixo custo marginal para nós e que podemos fazê-lo a qualquer momento. Se você não tem o desejo de criar uma capacidade interna para transformar ideias em realidade, designe alguém para criar uma rede de contatos. Há inúmeras pessoas em todas as cidades do mundo que podem ajudá-lo a fazer as coisas acontecerem.

> *Você precisa se preparar e se organizar para que possa realizar o maior número possível de experimentos por unidade de tempo [...] equipes pequenas e despretensiosas que [...] podem realizar vários experimentos por semana ou por mês [...] assim você obterá muito mais invenções."*
>
> **Jeff Bezos, fundador e diretor executivo do Amazon.com, em uma entrevista à *Businessweek* (2004)**

3 Discrição

A discrição é um aspecto importante no processo de tornar real porque inúmeras ideias novas nascem em situações de oposição. Quase por definição, uma empresa de sucesso é um ambiente hostil a uma nova ideia que tem a impertinência de dizer: **"Ei pessoal, vocês fizeram tudo errado"**.

Os "uma hora capitão, outra pirata" têm um brilho pernicioso nos olhos.

Eles sabem que para fazer a inovação andar eles só precisam continuar andando. Quanto maior o número de pessoas que eles precisarem incluir na decisão de começar, menor a probabilidade de começarem. Trabalhei com algumas empresas estropiadas pelo grande volume de coisas que elas necessitam concretizar.

Por isso, **"simplesmente comece"** é o lema do inovador. Isso significa que você terá de ser furtivo em relação ao sistema para não ser detectado. A maioria das organizações bem-sucedidas encontraram meios para tolerar esse comportamento de pirata.

Transformando ideias em realidade na Google

No Googleplex, sede da empresa Google em Mountain View, Califórnia (EUA), é impossível não notar a quantidade de espaço para apresentações informais e espontâneas. Lá, não se lida com o estágio inicial das inovações da maneira tradicional. A inovação desdobra-se de uma forma mais natural. Um engenheiro com uma ideia precisa de ajuda para transformar sua ideia em realidade; isso geralmente quer dizer que ele precisará de pessoas inteligentes que possam passar algumas noites transformando a ideia em um protótipo funcional básico. Para isso, eles devem apanhar um microfone, tentar atrair um grande círculo de pessoas e compartilhar a ideia inicial. A Google sabe o quanto as comidas e bebidas facilitam uma conversa. Por esse motivo, é no espaço **"Beer and Demos"** que os engenheiros angariarão suporte para um projeto. Independentemente do modo como eles obtiverem esse apoio, a ideia é criar um "rebanho". Outros engenheiros que gostarem da ideia darão uma mãozinha e todos os engenheiros da Google têm 20% de "tempo livre" — um conceito não policiado que libera parte da semana de um engenheiro para os experimentos. Dessa maneira, as ideias ganham ímpeto em segredo e sem intervenções. Em algum momento a ideia murchará ou será elaborada e levada para o conselho de projetos. Essa é uma filosofia que parece funcionar. A Google lança aproximadamente **cinco novos produtos por semana**! É muito melhor prosseguir e nutrir uma ideia até o momento em que possamos ver se ela é uma semente ou uma flor do que ficar discutindo indefinidamente sobre um broto ainda ambíguo.

A concreção da Starbucks

Howard Schultz, diretor executivo da Starbucks, conta uma história interessante sobre a criação do **Frappuccino**, seu prestigiado café gelado. Esse produto foi desenvolvido inicialmente por uma gerente regional da Starbucks no sul da Califórnia, em resposta a um concorrente cujo café gelado estava entre os mais vendidos. No devido tempo, a Starbucks apostou nessa ideia e criou o que a *Businessweek* chamou de um dos melhores produtos do ano em 1996. O que é muito curioso nessa história é que a gerente sabia que a Starbucks não apoiava essa ideia — para eles isso parecia "mais uma bebida de *fast-food* do que algo que um verdadeiro admirador de café fosse gostar". Por isso, ela conseguiu um liquidificador e começou a criar seus próprios cafés gelados. Mesmo no momento em que ela apresentou essa ideia a Schultz, ele ainda tinha restrições, mas concordou em apoiar o projeto. De acordo com Schultz:

> *Talvez o mais extraordinário nessa história seja que não fizemos nenhuma análise financeira de peso com o Frappuccino de antemão. Não contratamos um consultor credenciado de primeira linha que pudesse nos oferecer 10.000 páginas de conteúdo de apoio. Nem mesmo conduzimos o que as grandes empresas considerariam um teste meticuloso. Nenhuma burocracia corporativa entrou no caminho do Frappuccino. Foi um projeto totalmente empreendedor e ele floresceu em uma Starbucks que já não era mais uma pequena empresa."*

Howard Schultz e Dori Jones Yang. *Pour Your Heart Into It. How Starbucks Built a Company One Cup at a Time.* **Hyperion (1999).**

4 Conduta exemplar!

A mentalidade "bom o suficiente", menor custo e discrição é o que um inovador precisa para concretizar ideias. Mas tudo isso será desperdiçado se não pudermos utilizar o esboço, o modelo ou a maquete para desenvolver as ideias. Precisamos ter um diálogo expansivo, expor as ideias e sugestões para que a próxima iteração seja ainda melhor.

Como seria de esperar, é nesse ponto que as coisas podem dar errado. Estar aberto para um *feedback* constante, colaborar sempre — isso é ao mesmo tempo estimulante e cansativo. Ouvir comentários de outras pessoas sobre seu novo protótipo é difícil, especialmente se for uma crítica. Às vezes você pode perder o rumo e responder bruscamente a uma crítica. Em situações

Os Verdadeiros Heróis da Inovação

como essa, todo o processo experimental pode ser colocado em risco. Precisamos adotar uma conduta exemplar.

> *Uma nova ideia é algo delicado. Ela pode ser destruída por um olhar de desprezo ou um bocejo; ela pode ser apunhalada por uma piada ou estremecer com o franzir de sobrancelhas da pessoa certa."*
>
> **Charles Brower**

Imagine a cena: uma equipe de inovação de um laboratório farmacêutico está tentando melhorar a conformidade de um medicamento para asma, por exemplo, seguindo as recomendações médicas. Os membros da equipe vão se reunir com um grupo de adolescentes asmáticos e lhes apresentar um novo *design* de inalador, cujo protótipo foi montado na noite anterior. O modelo parece ainda muito cru. Contudo, como eles criarão uma nova versão mais tarde, eles precisam prestar atenção na reação dos adolescentes.

Toda a equipe está entusiasmada, exceto uma pessoa. Uma delas, a quem chamaremos de Arnold, está furiosa. Veja bem, na noite passada a conversa havia sido muito exaltada. Todos queriam um *design* específico, menos Arnold. Por isso, hoje ele está se sentindo envergonhado pelo que ocorreu na noite passada. Ele não conseguiu convencer seus colegas a valorizá-lo e começou a se desprender deles.

Essa não é uma boa conduta para uma equipe. Uma única pessoa como Arnold é capaz de provocar um caos. É bem provável que essa equipe perderá tempo tentando manobrar Arnold ou, pior ainda, apaziguá-lo. De acordo com minha experiência, a energia de uma equipe de inovação não é inesgotável. Ela precisa investir um pouco dessa energia em sua habilidade de agir como equipe, realizando reuniões regulares e tendo conversas francas. Entretanto, a maior parte da "reserva de energia" da equipe deve estar dirigida à concretização dos objetivos. Se apenas um dos membros estiver provocando rupturas, mais energia será desviada para reestabelecer a dinâmica da equipe. Se isso continuar, a equipe se transformará em um "buraco negro" — na verdade, implodirá. Acontecimentos como esse são muito comuns e, infelizmente, várias pessoas se acostumaram a trabalhar em equipes desse tipo.

A inovação pode ser como um esporte de alta intensidade e não é incomum as equipes de inovação serem seriamente desestabilizadas por uma minoria de indivíduos com mau comportamento. Uma alternativa poderia ser firmar um nítido acordo comportamental dentro da equipe. Existem acordos simples entre os membros, que detalham de que forma eles devem se comportar em conjunto. Os acordos comportamentais que a equipe de inovação do medicamento contra asma poderia ter feito são:

- **Não guardar ressentimentos.** "Se em algum momento me sentir propenso a sair da linha, direi imediatamente. Sei que vocês me ajudarão a resolver isso."

- **Enxergar com os olhos do cliente.** "Todo comentário que eu fizer a respeito de um novo protótipo será através dos olhos do cliente."

- **Valorizar e respeitar.** "Procurarei valorizar e respeitar os comentários dos meus colegas antes de dar meu ponto de vista."

Pense na diferença que isso poderia ter feito, se a equipe do medicamento contra asma tivesse firmado um acordo comportamental simples como esse. Até mesmo se Arnold tivesse se esquecido de seu acordo, o restante do grupo teria completa liberdade de falar sobre essa violação com ele. Além disso, eles poderiam abordar isso como uma **"quebra de contrato"**, e não como algo pessoal. Com um acordo comportamental fica mais fácil falar sobre coisas difíceis.

Incubação

Uma ferramenta útil para o inovador é colocar as ideias em uma "incubadora" ou "estufa". Isso significa forçar o crescimento de uma ideia buscando o que é extraordinário nela — digamos, o DNA — e basear-se nisso.

Fariq: *"Ei, nós poderíamos economizar muito dinheiro se cancelássemos a festa de verão este ano."*

Jenny: *"Gosto da ideia de economizar, mas mudaria um pouco sua ideia. Poderíamos propor um piquenique e pedir a cada equipe que prepare um prato. Talvez isso seja mais divertido do que pagar um bufê."*

Será que você ergueria as sobrancelhas ao ouvir a sugestão de Fariq? Ou será que você lhe diria que é uma ideia tola. Você não pode fazer isso em uma estufa ou incubadora. A regra é se debruçar e desenvolver uma ideia. Qual é o DNA dessa ideia? Como podemos nos valer dele? Começando com a sentença "minha constituição física" garante isso. Esse é um truque útil. Provavelmente Fariq se sentiria bem. Ele teve parte da ideia e foi ouvido. E Janny também se sentiria bem — ela iria a uma festa e ainda economizaria dinheiro.

A seguir menciono esse acordo comportamental na ?What If!. Fazemos nossas promessas com o objetivo de nos tornarmos grandes parceiros de inovação para os nossos clientes. Sinta-se à vontade para roubá-las. Elas funcionam muito bem:

Impacto — Somos obcecados pelo objetivo final. Nunca nos tornamos escravos dos processos.

Audácia – Detestamos a mediocridade. Pensamos grande.

Paixão – Nossa motivação é explosiva e nossa energia é contagiante.

Amor – Nosso envolvimento é de longo prazo e sempre faremos a coisa certa mesmo quando as coisas ficarem difíceis.

Risco – Nós deliberadamente saímos do caminho para ver o que os outros não veem.

A contratação em nossa empresa depende desses comportamentos. Isso significa que você é engajado por eles e os utiliza para orientar suas decisões. Esses comportamentos são ferramentas de inovação extremamente eficazes.

Vamos à prática

A única maneira de começar a transformar as coisas em realidade é tentar. Se você tiver gostado do que leu neste capítulo, reúna sua equipe e pergunte: **"O que podemos tornar real agora?"**

Não se preocupe se você não tem ideia de como tornar algo real. Você não precisa saber como. Isso é algo que uma equipe pode descobrir em conjunto. Por isso, não se autocensure, não se esquive de sugerir que a equipe transforme algo em realidade, ainda que não seja evidente de que forma isso será alcançado. Não há vergonha em dizer:

"Pessoal, vamos tornar isso real agora."

"Sim, mas como?"

"Não sei, mas vocês poderiam me ajudar a descobrir?"

Lembre-se de que transformar as coisas em realidade requer coragem e a convicção de que é melhor **FAZER QUALQUER COISA** do que **FICAR FALANDO ETERNAMENTE** sobre fazer alguma coisa.

4

Processo de Colisão

Criando espaço para a inovação
(serendipidade)

Em 30 segundos

Se você tivesse apenas 30 segundos, eu lhe diria:

O espaço físico ao nosso redor exerce um enorme impacto na forma como pensamos e interagimos uns com os outros.

◆

A configuração de nosso espaço no trabalho pode promover a colisão de *insights* e ideias e capacitar a equipe a trabalhar rapidamente. Os inovadores devem ter interesse contínuo por seu espaço de trabalho.

◆

A necessidade de ir ao banheiro e a necessidade de comer: essas são duas ferramentas surpreendentes para forçar a colisão.

A promoção de microexplosões (*microbursts*) de interação social deveria ser uma atividade gerenciada. A espontaneidade requer muito planejamento.

◆

Os espaços ideais para a inovação são bastante desordenados. A inovação é avessa a ambientes muito ordenados e certinhos.

O espaço deve ser tanto sério quanto divertido, mas nunca formal.

◆

A inovação precisa de espaços flexíveis. Isso significa que nosso ambiente deve ser de baixo custo.

◆

Os melhores ambientes para a inovação não são criados por meio da gestão tradicional. Na verdade, eles são auto-organizados.

A Method está sobrepujando empresas gigantescas de produtos embalados como a P&G utilizando os mesmos métodos de contra-ataque. Fundada em 2001 por Eric Ryan e Adam Lowry, as vendas globais da empresa somam mais de US$ 100 milhões. A Method produz sabões e outros produtos de limpeza biodegradáveis, como detergentes líquidos e lava-roupas, que fogem da linguagem de *design* séria utilizada pela categoria. Suas embalagens brilhantes e coloridas ficam à mostra em casa, e não escondidas debaixo da pia. Alguns fãs da marca chegam a dar os produtos como presente.

Ao caminhar em torno da sede da Method em San Francisco (EUA), o que me parece genial é a forma como eles utilizam seu espaço para inovar. Primeiro de tudo, vejo paredes com muitas estantes, todas abarrotadas de inusitados e extraordinários *designs* de embalagem, em uma coleção com peças do mundo inteiro. Como diz Lowry: "Estamos cercados de coisas que nos fazem pensar diferente." Essas estantes são um estímulo puro.

Em seguida, vejo muitas impressoras de 3D que a equipe de *marketing* da Method aprendeu a utilizar sozinha. Parece que a Method levou a sério a máxima de Peter Drucker — essa empresa de fato tem a ver com apenas duas coisas: *marketing* e inovação. A Method terceiriza todas as outras funções, mantendo o departamento de *marketing* como a principal atividade. Mas um departamento de *marketing* com impressoras 3D? Isso significa que eles podem imprimir durante a noite uma nova embalagem modelada para que ela esteja pronta para ser mostrada aos consumidores na manhã seguinte. Consciente de que em seu setor 70% dos lançamentos fracassam, a Method evita os testes quantitativos. Em vez disso, ela "faz uma audição" de seus *designs* em 3D junto aos consumidores.

O espaço da Method foi concebido para agilizar a colocação de produtos no mercado, e essa é a essência da filosofia de Ryan e Lowry: "Somos competentes em inovação ágil em um mercado em que predominam concorrentes grandes e lentos", afirma Lowry. "Podemos fazer vinte ou trinta iterações de um produto enquanto nossos concorrentes podem fazer apenas uma rodada de pesquisas. Além disso, enquanto conseguimos conduzir um produto da ideia ao lançamento em 12 semanas, nossos concorrentes levam no mínimo um ano." A capacidade de se mover com agilidade faz com que as coisas pareçam menos arriscadas. Ou seja: "Estamos dispostos a experimentar ideias que os concorrentes maiores não estão."

Concluindo, os funcionários da Method colocam de tudo nas paredes. É isso mesmo, de tudo. Das coisas que você esperaria, como sua missão, até planos de *marketing*, resultados, publicações — tudo. Eles chamam esse método de *"Thinking Out Loud"* ("pensar alto"). Isso significa que há poucas coisas ocultas, trancafiadas em um computador ou obscurecidas. As paredes são convidativas. Não tenho permissão para observar as coisas muito de perto, obviamente, mas pela maneira como as mesas estão organizadas, parece claro que as reuniões na Method ocorrem de pé, bem em frente às paredes. **E todos sabemos que as reuniões de pé são rápidas**!

Adam não hesita em ressaltar que, pelo fato de forçarem "para que tudo fique às claras, até mesmo algo confrontador, nada é ocultado; são nossos valores que orientam nossas reações". A úl-

> tima parte dessa frase é fundamental. As organizações que vestem abertamente seus sentimentos precisam saber lidar com a paixão que isso desperta.
>
> A Method tem uma sólida cultura de valores, que ajuda seus funcionários a trabalhar com agilidade. Dois de seus valores se evidenciam para mim: primeiro, **"O que MacGyver faria?"**. *MacGyver* foi um personagem de uma série da TV norte-americana que representava um agente secreto famoso por solucionar problemas complexos com objetos comuns, em vez de usar armas. Então a mensagem aqui é que ser engenhoso e despachado é importante. Segundo; "A Method deve ser sempre inusitada." Essa é uma instrução para evitar que eles se tornem lentos como os "grandes": continue sendo humano, continue sendo ágil e continue sendo diferente.

Com as estantes repletas de estímulo, a capacidade de experimentar e as paredes que "pensam alto", a Method sabe como ninguém usar seu espaço para promover encontros que respiram inovação. Seria difícil trabalhar lá e não inovar.

Sabemos intuitivamente que, quando estamos trabalhando, tudo com o que interagimos fisicamente (o que vemos, tocamos e cheiramos) é, de alguma maneira, profundamente importante. O espaço nos afeta intensamente, quer nos demos conta disso ou não. Nosso estado de espírito, nossos comportamentos e nossa habilidade de conectar com os outros são diretamente influenciados pelo espaço em que trabalhamos.

Mas nem todas as organizações têm um espaço tão cultivado quanto o da Method. Várias empresas de grande porte têm uma recepção que causa sensação, mas vá aos andares dos escritórios e encontrará espaços abertos de trabalho quase silenciosos. Os complexos de escritórios distantes dos grandes centros que adotam um estilo de *campus* recriaram lojas e colocaram cafeterias no *hall*, mas agora os seus funcionários estão aprisionados a uma bolha de monotonia. E a tendência para encorajar o trabalho em casa extingue ainda mais a possibilidade de criar espaços para a inovação (serendipidade). Dormir, comer, viver e trabalhar no mesmo espaço não é a receita de estímulo.

Observando mais de perto a história da Method, e por temos passado semanas e meses em muitos escritórios diferentes, podemos extrair algumas diretrizes práticas para criar um **"espaço de inovação" perfeito**.

Primeiro, no ambiente de trabalho não podemos contar com a colisão natural de *insights* e ideias; precisamos criar estruturas que forcem o embate de uma coisa com outra. Segundo, o mundo exterior precisa ser deliberadamente trazido para dentro do escritório; precisamos de um emaranhado de estímulos provocativos. Terceiro, se você trabalhou duro para recrutar uma equipe de trabalho diversa, não acabe com isso forçando as pessoas a trabalhar exatamente da mesma maneira. Você deve continuar lutando por um espaço flexível que permita que as pessoas colaborem ou se concentrem. Neste capítulo explorarei estas três ideias: **forçar colisões**, **criar desordem** e **lutar por flexibilidade**.

❝

Não há nenhuma dúvida sobre as influências que a arquitetura e as construções exercem sobre o caráter e as ações humanas. Criamos nossos prédios e depois eles nos criam."

Winston Churchill, dirigindo-se ao público na Associação Inglesa de Arquitetura em 1924

Forçando colisões

Em 2000, a Pixar adquiriu uma velha fábrica de enlatados da Del Monte em Emeryville, na Califórnia, para construir sua nova sede. Steve Jobs, um investidor-anjo da Pixar, abandonou os planos iniciais de criar três unidades separadas no estúdio de filmagem, cada uma alojando uma função diferente. Em vez disso, colocou todas as unidades juntas em um grande edifício com um átrio gigantesco no centro. Ele decidiu utilizar o "espaço" para forçar uma colisão entre as pessoas. Ele percebeu que, como havia algumas atividades que todos precisavam executar todos os dias, era necessário utilizar isso como instrumento para provocar uma colisão de pessoas e ideias.

> *Steve colocou no centro do edifício as caixas de correio, as salas de reunião, a cafeteria e, o mais insidioso e brilhante, os banheiros — o que inicialmente nos levou à loucura —, para que assim nos topássemos com todas as pessoas durante o dia. Jobs se deu conta de que quando as pessoas se deparam casualmente umas com as outras, quando elas se olham, coisas acontecem."*
>
> **Brad Bird, diretor de Os Incríveis (Rao et al., 2008)**

Mas foi difícil reproduzir essa ousada ideia da Pixar nos escritórios da ?What If! em Londres. Nossos banheiros já tinham posições estabelecidas e o proprietário do prédio não estava entusiasmado com a ideia de ter um banheiro no centro. No final, em vez dos banheiros, colocamos abaixo as apertadas cozinhas de cada um dos andares do nosso prédio e criamos uma grande cozinha central, ao estilo de uma "casa de fazenda", na parte central do piso térreo.

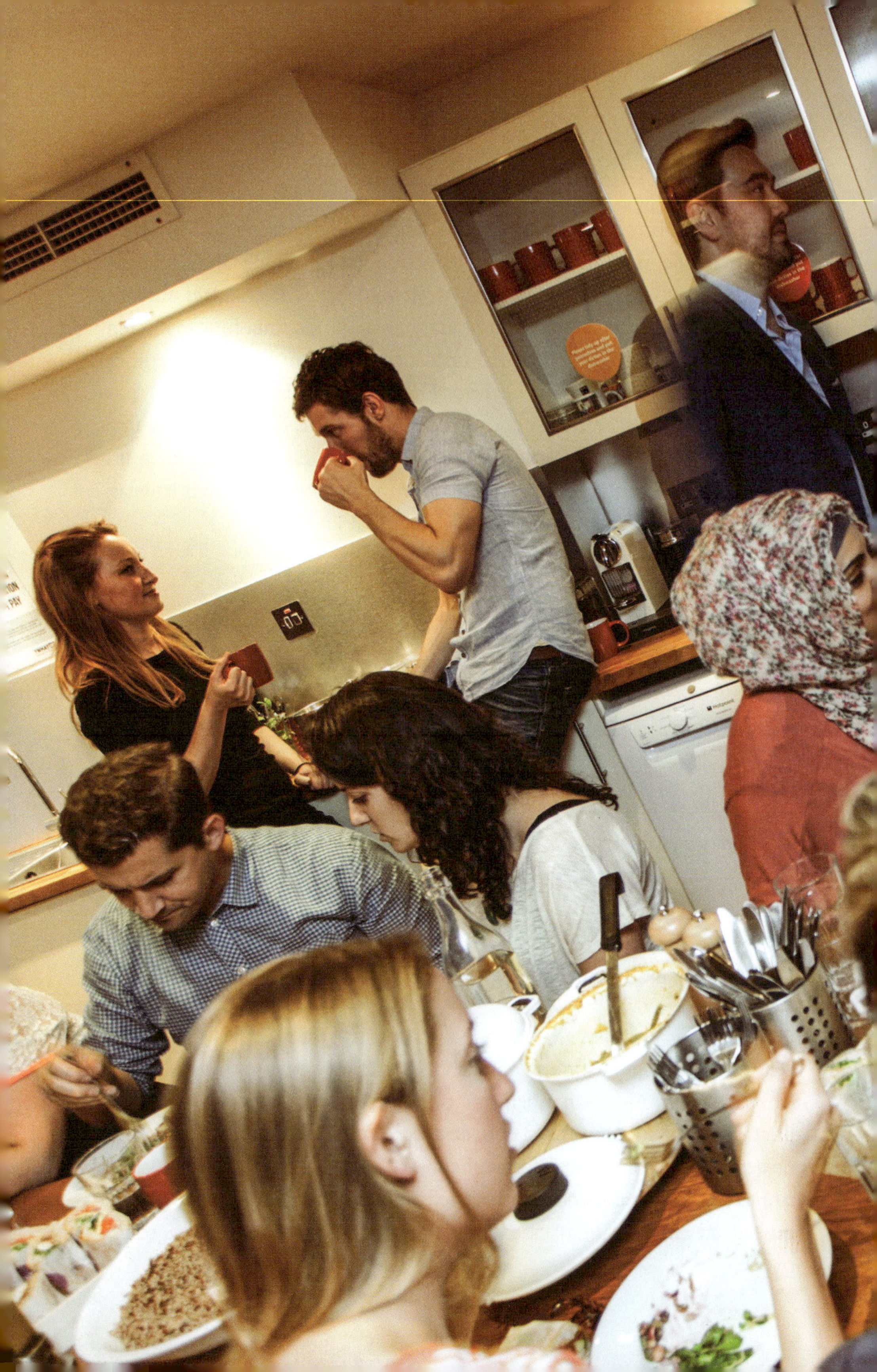

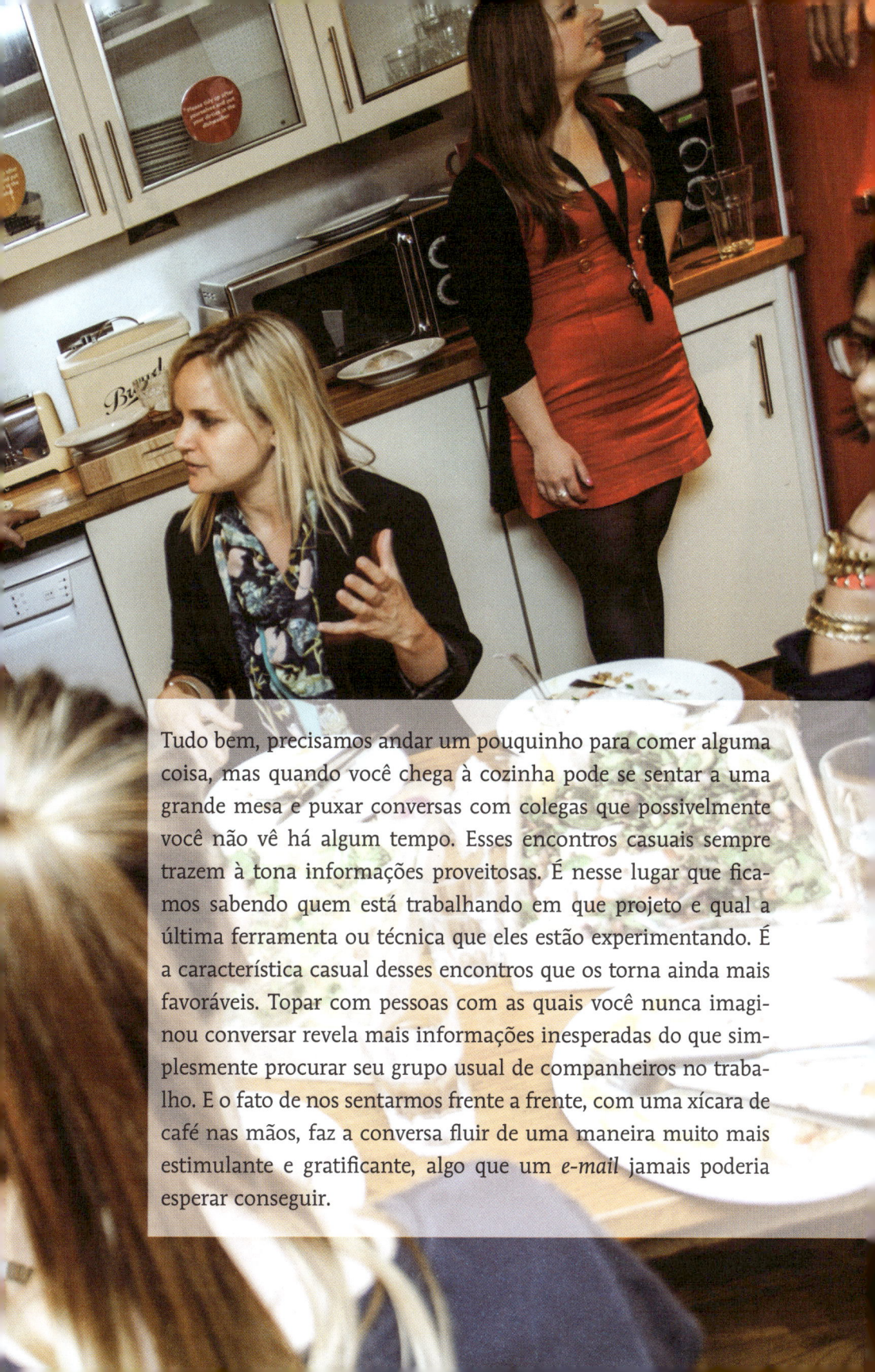

Tudo bem, precisamos andar um pouquinho para comer alguma coisa, mas quando você chega à cozinha pode se sentar a uma grande mesa e puxar conversas com colegas que possivelmente você não vê há algum tempo. Esses encontros casuais sempre trazem à tona informações proveitosas. É nesse lugar que ficamos sabendo quem está trabalhando em que projeto e qual a última ferramenta ou técnica que eles estão experimentando. É a característica casual desses encontros que os torna ainda mais favoráveis. Topar com pessoas com as quais você nunca imaginou conversar revela mais informações inesperadas do que simplesmente procurar seu grupo usual de companheiros no trabalho. E o fato de nos sentarmos frente a frente, com uma xícara de café nas mãos, faz a conversa fluir de uma maneira muito mais estimulante e gratificante, algo que um *e-mail* jamais poderia esperar conseguir.

Os Verdadeiros Heróis da Inovação

A **colisão** pode ser física, literalmente um choque entre duas pessoas, mas também pode ser emocional. Comer juntos é um método muito eficaz para forçar essa **colisão emocional**. Dê uma olhada nas duas refeições servidas no trabalho. Qual delas você acha que tem o poder de mudar uma conversa, de possibilitar que as pessoas baixem a guarda e digam o que realmente querem dizer?

Esta?　　　　　　　　　　　　　　　　　　**Ou esta?**

4. Processo de Colisão

Nossa equipe de bufê na ?What If! chama-se *"Food Is Love"* ("comida é amor"). Com um prato de comida caseira, retirada de uma grande panela com uma grande concha, é incrível constatar que até mesmo os executivos mais apressados relaxarão e dirão uns aos outros o que de fato pensam. Existe algo em fazer uma pausa e sentar-se para comer uma comida caseira que desperta conversas mais profundas, algo que nem mesmo o mais delicioso dos sanduíches jamais poderia fazer.

Os Verdadeiros Heróis da Inovação

Outra maneira de forçar a colisão é manter as comidas e bebidas servidas no trabalho o mais simples possível. Imagine esta cena. Claudia, que gerencia nossa equipe *Love Is Food*, anuncia que vai fazer um bolo. Toda a equipe para o que está fazendo por um minuto, perdidos em uma microexplosão de alegria quando anteveem essa iguaria feita em casa. Quando ela chega com o bolo, todo mundo deixa de lado o que está fazendo, levanta e relaxa alguns minutos. Nesse espaço de tempo, o trabalho que estavam fazendo é esquecido e eles têm oportunidade de se pôr a par das novidades e de se divertir.

É nessas conversas paralelas que muitas boas ideias se misturam. Elas são uma excelente oportunidade para discutir ideias e observações que talvez não estejam em pauta ou que não façam parte das atividades essenciais. Se você não relaxar comendo um bolo quentinho e tomando uma xícara de chá, quando conseguirá? Compare essa cena com as deprimentes máquinas de comida e bebida presentes em inúmeros escritórios. No meu ponto de vista, é melhor investir em encontros sociais pequenos e constantes do que cortar gastos instalando mecanismos que não têm alma.

> *Se você não relaxar comendo um bolo quentinho e tomando uma xícara de chá, quando conseguirá?"*

Estimular o *hot-desking*,* isto é, que as pessoas se sentem onde elas desejam no escritório, força a colisão entre as pessoas. Isso é especialmente favorável para a inovação. Se você tem a tecnologia que favorece o trabalho em diferentes lugares e pode manter todo o material de suporte do projeto em algum local central, sentar em um lugar diferente todos os dias no trabalho é uma excelente receita para a inovação (serendipidade). De acordo com minha experiência, não é possível ter um ambiente de trabalho 100% flexível. Na verdade, para algumas pessoas sentar-se perto umas das outras faz muito sentido. Contudo, até mesmo as pessoas muito propensas a essa mobilidade resistem ao *hot-desking*. Acho que isso parte do desejo natural de **"aninhar"**. Esse método deveria ser estimulado, visto que muitas pessoas não precisariam mais de pastas, bandejas ou de outros objetos e os benefícios dos confrontos que estimulam a inovação sempre serão mais importantes do que o conforto de um ninho.

---

*   N. de T.: *Hot-desking* refere-se ao uso compartilhado de estações de trabalho. É um conceito novo que procura estimular a mobilidade.

Os Verdadeiros Heróis da Inovação

▲
Este é um dos andares da ?What If!. Todos os dias as pessoas encontram um novo espaço e tem novos colegas para conhecer. De fato, essas mesas são áreas de colisão.

4. Processo de Colisão

> A Valve é uma sólida empresa de *softwares* com 300 funcionários que desenvolvem jogos de grande sucesso como o *Half-Life, Counter Strike* e *Portal*. Eles levam ao pé da letra a ideia do *hot-desking*. As mesas têm rodinhas que permitem que eles desloquem totalmente a estação de trabalho para se juntar à equipe de trabalho com a qual estão trabalhando naquele momento. Tal como prescreve o manual da empresa: "Pense nessas rodas como um lembrete simbólico de que você deve sempre pensar para onde você poderia se mover para ser mais valioso."

Forçar a colisão entre as pessoas significa que é essencial que elas se **"misturem"** (*mingle*). Essa é uma palavra extraordinária. Significa "juntar-se ou misturar-se com alguém ou alguma outra coisa geralmente sem perder a essência da identidade" (dicionário *Merriam-Webster*). É exatamente isso que está no cerne da inovação (serendipidade). Quanto mais sociáveis as pessoas são, mais elas revelam suas características individuais e mais elas constroem relações de confiança. Quanto mais elas confiam, mais se abrem. Essa é a sopa primordial para a inovação.*

Se você não pode pôr abaixo todos os banheiros em seu trabalho ou criar uma grande cozinha de casa de fazenda, há outras maneiras não físicas de incentivar essa mistura. Elas são extremamente eficazes para promover a conexão entre os seres humanos — e em um nível profundo. A boa notícia é que todas elas são muito divertidas e praticamente sem custo.

> A Innocent, a famosa marca de sucos vitaminados (*smoothies*) com sede no Reino Unido — agora parte da Coca-Cola Company — acredita nessa mistura, o que é evidenciado por seus inúmeros clubes sociais. Existe o Clube do Bolo, o Clube de Jardinagem, o Clube de Ciclismo, o Clube de Decoração de Bolos (um subgrupo do Clube do Bolo), o Clube do Queijo e muitos outros. Mas por que ajudar os funcionários a passar tempo juntos em atividades evidentemente não relacionadas com o trabalho?

---

* N. de T.: Sopa primordial é uma mistura teórica de compostos orgânicos que podem ter dado origem à vida na Terra.

> Deparei-me com a resposta quando um dos membros da equipe da Innocent me explicou que, quando você se junta a outras pessoas que são apaixonadas por uma mesma coisa, como decoração de bolo, você se esquece de que está entre colegas de trabalho. Você compartilha histórias e desfruta da companhia do outro, você se perde fazendo aquilo de que gosta. O Clube do Bolo constrói relações de confiança entre diferentes departamentos. Desse modo, quando você está inovando e desesperado por um favor, sabe para quem ligar. É meio difícil dizer não a alguém com quem você passou a noite anterior aperfeiçoando sua técnica de decoração de bolo.

Tornar-se acessível e revelar mais coisas sobre você — é assim que se formam **relacionamentos**. Há uma técnica extraordinária para acelerar esse processo entre colegas de trabalho, denominada PechaKucha.

A ideia por trás do *PechaKucha* (que se refere ao som da palavra "bate-papo" em japonês) — pronuncia-se *pe-chak-cha* — foi criada em Tóquio em 2003 por Astrid Klein e Mark Dytham (Klein Dytham Architecture) como um evento para exibir o trabalho de *designers* jovens. *PechaKucha* é um método novo e eficaz de dinamizar a capacidade dos colegas de trabalho de construir relacionamentos de confiança. Essa técnica tem adeptos no mundo inteiro. Na ?What If! realizamos uma sessão noturna de *PechaKucha* uma vez mês. As regras são simples: reúna um grupo de colegas depois do trabalho. Tomando cerveja, o grupo ouve a apresentação de um dos colegas. Mas essa apresentação tem algo peculiar. Ela pode ser a respeito de qualquer coisa sobre a qual o orador consiga falar com paixão. São 20 *slides* e cada um deve ser apresentado em 20 s no máximo. Portanto, uma apresentação 20 × 20 s, leva menos de 7 min. Não há tempo para ficar nervoso nem para preparação. Isso significa que muito mais pessoas têm oportunidade de tentar se expressar, em comparação ao que normalmente ocorreria. Em cada sessão, quatro ou cinco colegas são ouvidos, o que no total leva menos de uma hora.

▲

Na última vez em que participei de uma sessão de *PechaKucha* na ?What If!, fiquei sabendo da viagem de Rosie pela Rússia em um velho e surrado Volkswagen; da floricultura que Mateus abriu; e da obsessão de Sam por *base jumping*. Foram relatos excelentes, reveladores e íntimos, e todos em 20 × 20 s. Ainda não havia ouvido nada disso a respeito deles, e em um curto espaço de tempo tive um incrível *insight* sobre o que os motivava. Talvez com o passar do tempo eu ficasse sabendo dessas coisas, mas isso instigou nosso relacionamento e possibilitou que nos meses seguintes fôssemos mais francos uns com os outros e agilizássemos nosso trabalho em conjunto.

Criando desordem

A Method, como já sabemos, prega o **"pensar alto"**. Eles enchem as paredes do escritório com embalagens interessantes, atualizações sobre o andamento dos projetos e os últimos indicadores de desempenho. Um espaço que funciona como um calidoscópio de pensamentos, conceitos e comentários de clientes é muito estimulante. Esse tipo de espaço não é ordenado e certinho. Nesse caso, a desordem tem um efeito positivo.

Você se lembra da nova cozinha que nós construímos na ?What If!? Também tomamos o cuidado de fazer com que a passagem para a cozinha atravessasse a sala da equipe responsável por transformar as coisas em realidade. Construímos estantes para exibir os protótipos mais recentes.

Agora já não é mais possível passar mais de uma hora no escritório sem ficar sabendo da última e mais recente novidade.

É um espaço que grita "Ei, veja nosso mais novo protótipo" ou "Olhe esse novo conceito — o que você acha?". Não é um lugar solene nem sóbrio. Um escritório desse tipo precisa transmitir que "aqui nós não nos levamos muito a sério". Os escritórios rigorosamente organizados e limpos, em que não há nenhuma pista sobre quem é o consumidor ou que inovação se encontra em processo de preparação (*pipeline*), não despertam a serendipidade.

Dispor "coisas divertidas" no escritório, de uma maneira deliberada, é o que dá o tom. É como dar permissão para que as pessoas se envolvam umas com as outras de uma forma divertida e bem-humorada.

Essa é "A Roleta das Decisões" do escritório da Innocent. Se você não tiver certeza da decisão a tomar, gire a roleta. Ela tomará a decisão por você.

4. Processo de Colisão

NA METHOD, NÃO TEMOS RECEPCIONISTAS.

Todos têm oportunidade de fazer um bico às claras. Esperamos que isso explique qualquer incompetência que você possa encontrar. O que não quer dizer que você encontrará.

method

Esta é a mesa de recepção na sede da Method em San Francisco. Isso me parece confiante e surpreendente, e diz muito a respeito deles.

> *Os escritórios precisam de símbolos de leviandade. Lembretes de que, embora levemos o trabalho a sério, não nos levamos a sério."*

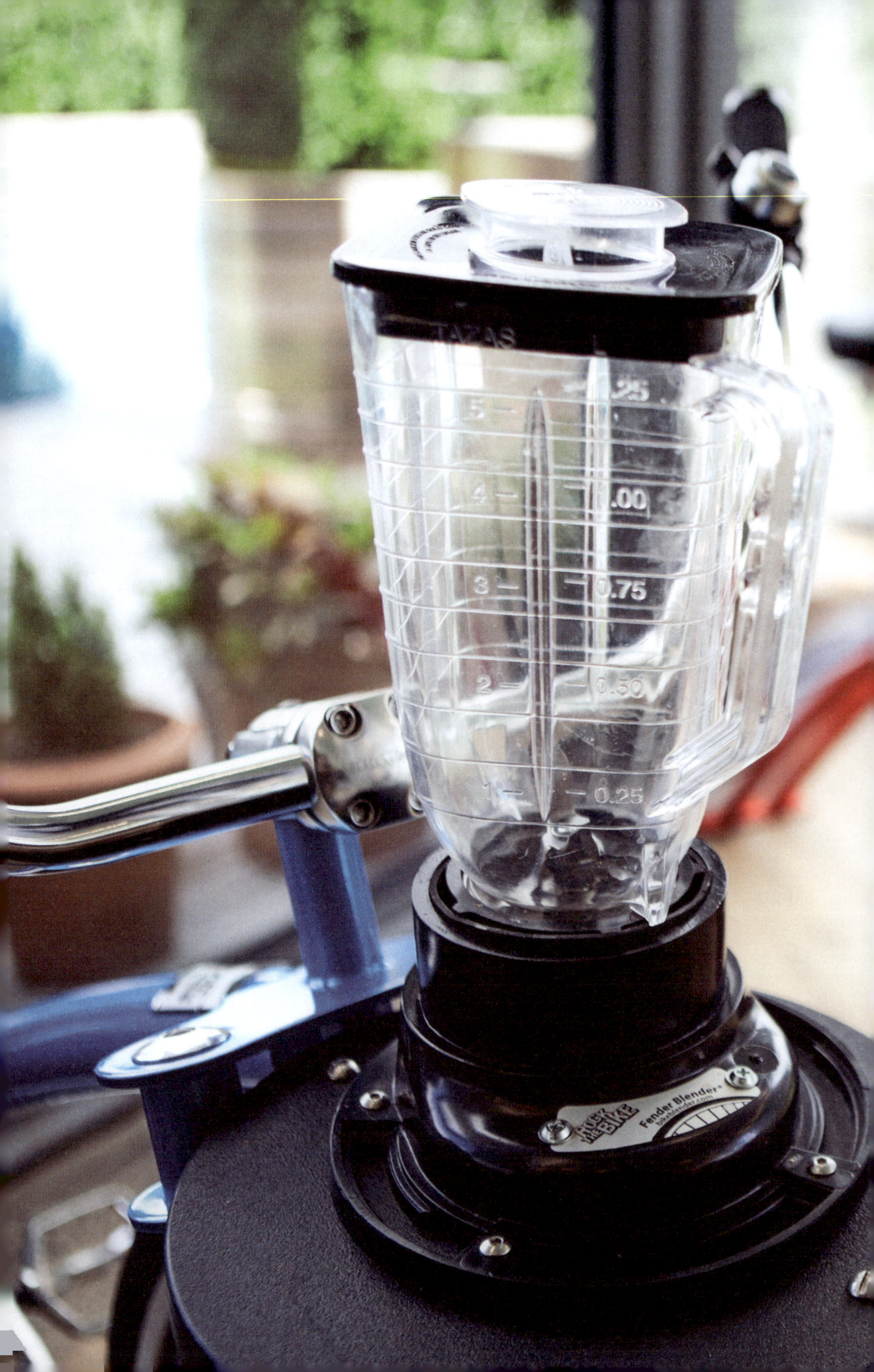
TAZAS
5
4
3
2
1
0.75
0.50
0.25
Fender Blender

Esta é uma bicicleta ergométrica que funciona também como liquidificador no escritório da empresa Google em Londres.

Temos uma vaca em nosso escritório de Londres e Nova York. Não há um propósito real para isso. Porém, assim como a roleta de decisões da Innocent, a bicicleta-liquidificador da empresa Google e a recepção da Method, a vaca é um símbolo de leviandade. Isso nos lembra de que, embora levemos o trabalho a sério, não nos levamos a sério.

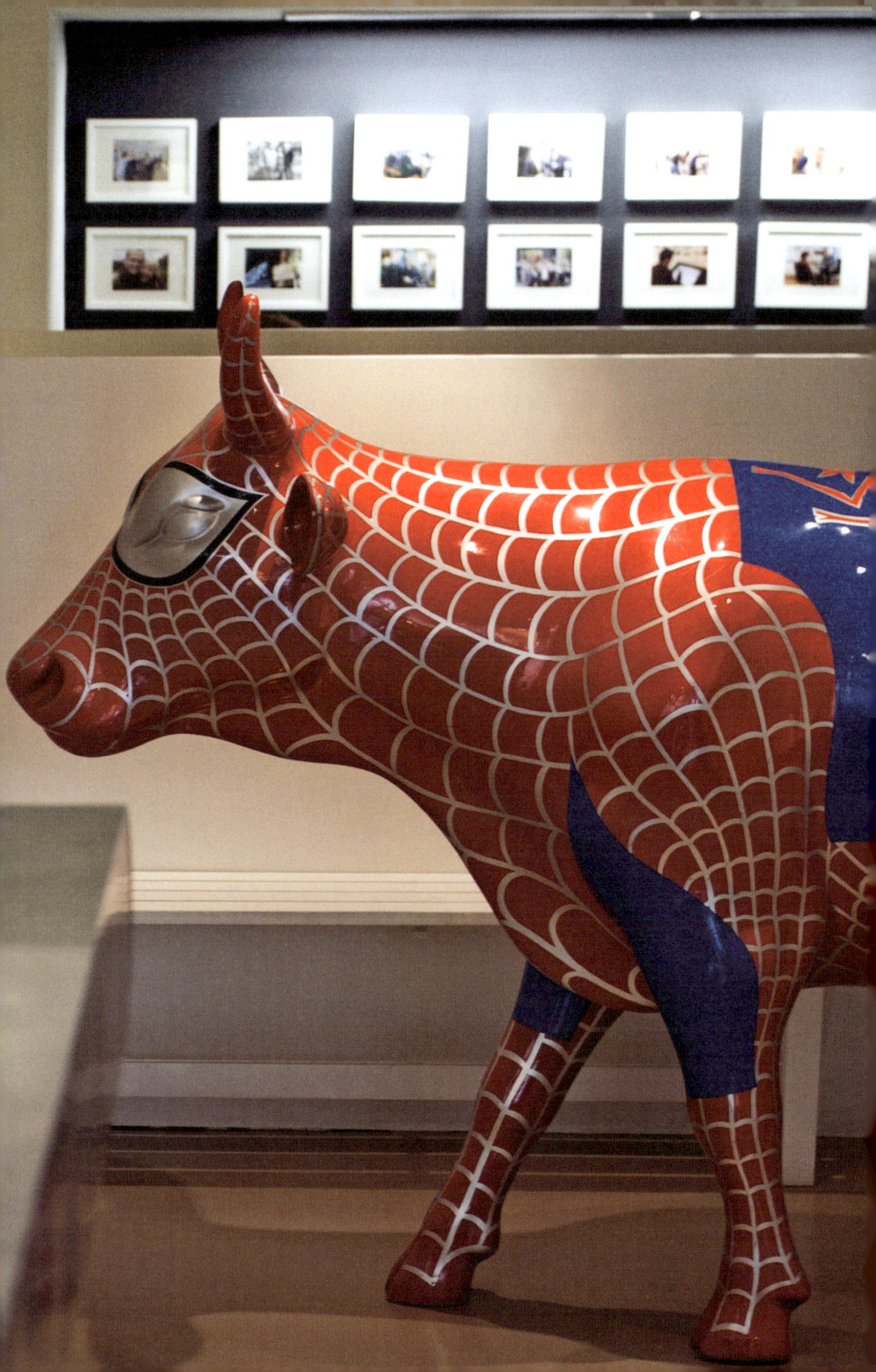

Os Verdadeiros Heróis da Inovação

Portanto, do mesmo modo que o espaço pode estimular diálogos e iluminar o estado de espírito, ele pode nos mostrar quem são nossos clientes e nos lembrar a cada minuto de todos os dias quem realmente paga nosso salário.

A UKTV, uma das principais emissoras multicanal no Reino Unido, utilizou seu espaço como lembrete dos telespectadores de seu popular canal de televisão Dave (tal como o *slogan* diz, Dave é o lugar do bate-papo espirituoso — **"The Home of Witty Banter"**). As reuniões realizadas nessa sala tem um constante lembrete sobre quem são os telespectadores e quais são seus interesses.

4. Processo de Colisão

A utilização do espaço para indicar quem são os consumidores e o que os motiva não está restrita às salas de reunião. Aqui, a sala de reuniões de diretoria de uma das maiores cadeias de varejo da Europa foi redecorada para espelhar o estilo de vida de seus clientes — nesse caso, meninas adolescentes. Não há dúvida de que as decisões tomadas nessa sala são influenciadas pela decoração.

Esta é a mesa de reunião

Transformando a TV em realidade

Uma importante emissora de TV nos pediu para ajudá-la a criar melhores programas de televisão para crianças. Em vez de apresentar nossas ideias em *PowerPoint*, pegamos uma desinteressante sala de reuniões na sede da emissora e a recriamos como se essa fosse uma sala de aula para crianças. Mas não ficamos só nisso. Contratamos uma atriz para representar uma professora e seis crianças de 8 anos de idade para representar os alunos. Eles encenaram um roteiro que havíamos escrito, uma discussão em "sala de aula" centrada no impacto que os programas infantis exerciam sobre os alunos.

Fizemos com que os atarefados executivos da emissora se sentassem nas pequenas cadeiras dispostas no fundo da "sala". No começo, eles estavam céticos: "Você está me pedindo para sentar em uma cadeira de criança e assistir a uma peça de teatro!". Mas rapidamente perceberam a importância dessa apresentação, que foi uma ótima forma de trazer para a vida real os temas de programação que eles estavam lutando para desenvolver. Na verdade, eles ficaram tão absorvidos, que nos pediram para repetir a apresentação, e até fizeram perguntas a alguns alunos — esquecendo-se de que eles eram atores. Depois do *show*, nossas recomendações foram aceitas. A utilização do espaço de reunião teve um efeito fundamental sobre o projeto.

Antes

Depois

Lutando por flexibilidade

Passei muito tempo com inúmeros executivos com o intuito de observar seu ambiente de trabalho, e tenho tido sorte o suficiente para visitar os escritórios mais incríveis do mundo — e também alguns dos piores. Para ter uma ideia melhor de como as pessoas querem trabalhar, peço para que façam um desenho do ambiente de trabalho que elas consideram ideal. Esqueça do escritório, afirmo, desenhe qualquer coisa que vier à cabeça.

Esses são os desenhos usuais que as pessoas fazem para descrever seu ambiente de trabalho ideal. Isso nos indica que são necessários lugares diferentes em diferentes horas do dia para o desenvolvimento de diferentes atividades. Existe um tipo de lugar como uma *lan house*, em que se trabalha com tranquilidade e sem interrupção. Existem espaços abertos nos quais as pessoas podem ficar ao ar livre. Existe um espaço como o das cafeterias, que têm uma atmosfera íntima e acolhedora em que duas pessoas podem desabafar. E existe um grande movimento entre esses espaços. Portanto, para inovar, nosso espaço precisa ser flexível.

Muitas vezes os inovadores sentem que precisam lutar até mesmo por um grau ínfimo de flexibilidade. Os escritórios são, em sua maioria, planejados e gerenciados por gerentes de manutenção predial profissionais, que trabalham com uma pauta diferente. Os inovadores desejam espaços flexíveis, desordenados e querem trazer pessoas externas para dentro do escritório. Eles podem querer trabalhar em horários incomuns e não conseguem prever em que sentido as necessidades de seu espaço de trabalho mudará daqui a alguns meses. Para os gerentes de manutenção predial, não poderia haver nada pior. O orçamento é limitado, há vários interessados além dos inovadores e eles precisam seguir códigos de saúde e segurança. A luta entre o inovador que deseja mudar o ambiente de trabalho e o gerente que deseja manter o espaço é uma fonte comum de atritos.

A boa notícia é que os espaços flexíveis não precisam custar os olhos da cara. Na verdade, eles não podem. Quanto mais investimentos em caros equipamentos de escritório e na planta baixa, menos dispostos ficaremos a mudá-los. Há muitas histórias sobre escritórios apertados, desconfortáveis e "descartáveis" que contribuíram para excelentes inovações. Um dos períodos mais inovadores da história da Pfizer se deu nos prédios ainda decrépitos de sua sede em Sandwich, Kent, no Reino Unido. Para ter ideia do que é uma abordagem de baixo custo, mas eficaz sobre o ambiente de trabalho, visite a Pixar. Lá, eles construíram uma série de jardins dentro de sua sede em Emeryville. Essa é uma forma divertida e barata de criar espaços flexíveis para reuniões e trabalhos que exigem concentração.

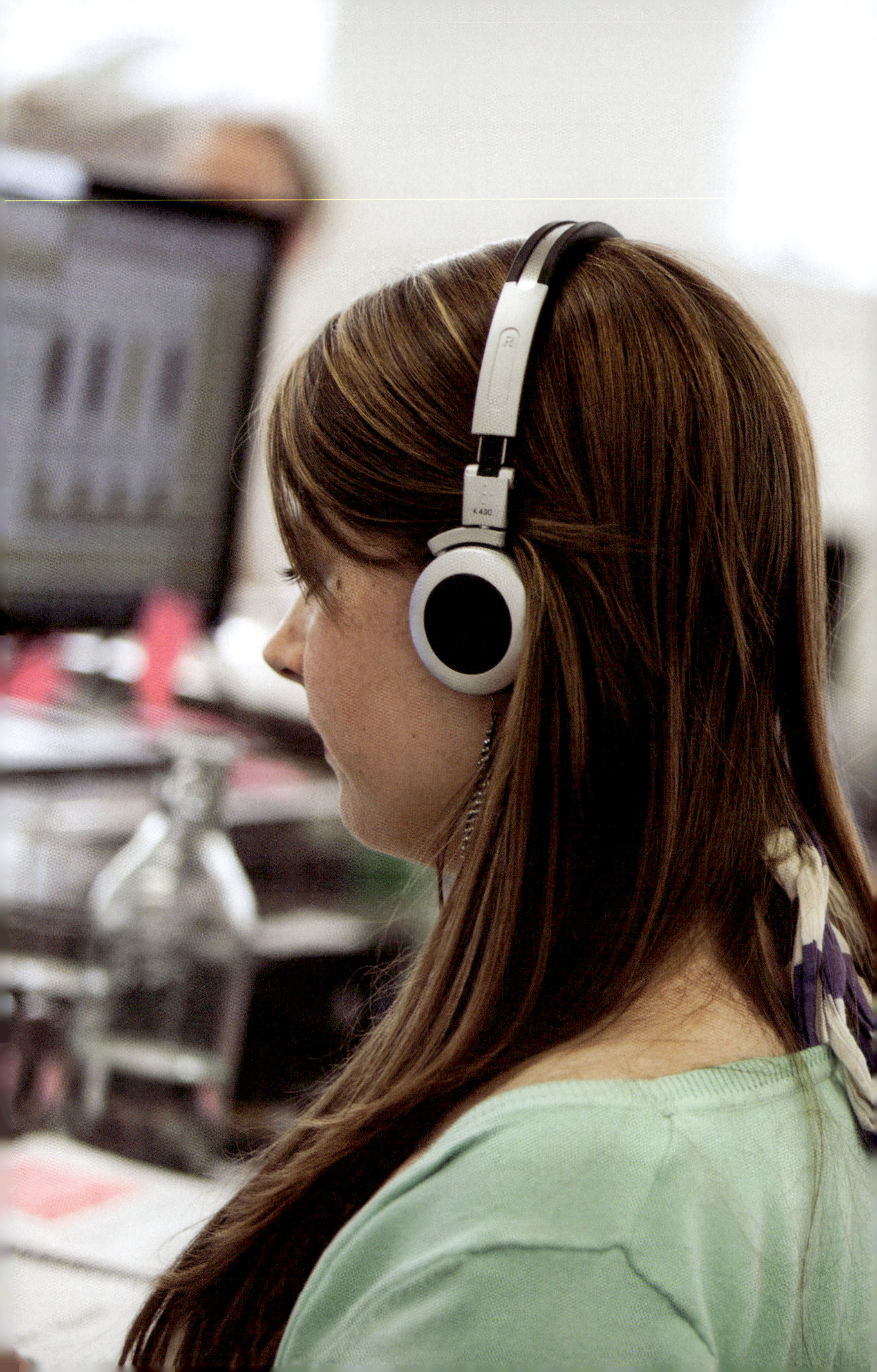
K 430

Os inovadores almejam espaços flexíveis

Algumas vezes eles querem se concentrar.

Algumas vezes eles precisam de um lugar para afixar nas paredes todos os seus pensamentos e ficar longe do restante do mundo.

Algumas vezes eles necessitam de espaços confortáveis para se reunir com os colegas e falar sobre novas ideias.

Algumas vezes eles precisam de lugares íntimos e acolhedores para se confidenciarem.

Luta por flexibilidade: **um espaço para concentração**

O *designer* original das baias, Robert Propst, recentemente pediu desculpas, lamentando-se de sua involuntária contribuição para o que ele chama de "insanidade monolítica". Mas por enquanto não ateie fogo nesses cubículos tipo "Dilbert"*; eles são ótimos para a concentração.

---
* N. de T.: Em referência ao personagem de quadrinhos Dilbert, o típico funcionário de uma empresa com cultura autoritária e regras rígidas, na qual não há um bom relacionamento entre os colegas nem espaço para inovação.

Na ?What If!, adoramos nossos espaços de confinamento solitário — eles são ideais para fazer acontecer.

Luta por flexibilidade: uma sala de investigação acidental

Uma base permanente em que você pode afixar pistas e dicas e reunir as pessoas para conectá-las. Confisque uma sala de reuniões e aproprie-se dela. Esse é o lugar em que se deveria manter todo o material de suporte de um projeto. É também um lugar em que você pode pedir aos convidados para ajudá-lo a reunir provas para ajudá-lo a defender uma tese.

Essas salas precisam ser protegidas contra olhares curiosos e arrumadeiras fanáticas por limpeza.

Luta por flexibilidade: um espaço criativo

Os membros de uma equipe de inovação precisam passar muito tempo juntos. Uma sala ampla com entrada de luz natural e atmosfera para transformar coisas em realidade é ideal. Essa sala pode ser montada e mantida temporariamente.

Os espaços criativos não cumprirão sua função se forem escuros ou desconfortáveis. Um ambiente claro e confortável nos convida a tirar os sapatos, sorrir, descontrair e sonhar um pouco. Você precisa se esforçar para criar o ambiente certo para fazer isso acontecer.

Luta por flexibilidade: refúgios e recantos

A inovação requer conversas íntimas. Esses são os refúgios do escritório da empresa Google em Londres, modelados para abrigar duas ou três pessoas para uma conversa confidencial. Eles fazem parte de um espaço mais amplo e não de salas particulares. Essa diferença é importante.

Para imaginar um refúgio, pense em uma caverna. A ideia é que você se sinta totalmente protegido no lado de trás e acima, mantendo ao mesmo tempo uma boa visão do "mundo externo".

Uma boa maneira de obter o espaço mais flexível possível para a inovação é encarar isso como uma atividade do tipo **"faça você mesmo"** e não como uma iniciativa administrativa. Os colegas de trabalho que planejam seu espaço geralmente criam uma mistura de espaço social e concentração. Eles gastam menos dinheiro do que os *designers* de escritório profissionais e sentem-se mais envolvidos em consequência disso.

Personalizando minha baia

A Zappos (nome derivado da palavra *"zapatos"*, que significa sapatos em espanhol) é a maior varejista *on-line* de calçados do mundo. Fundada em 1999, essa empresa com sede em Nevada e uma receita de US$ 2 bilhões foi recentemente adquirida pela Amazon.

Sob a liderança do diretor executivo Tony Hsieh, a Zappos tornou-se um modelo para as organizações de serviço ao redor do mundo. O número de solicitações para visitar e entender "como eles fazem isso" é tão grande, que a Zappos tem um programa executivo de aprendizagem baseado em seus métodos. A Zappos de fato ampliou o modelo de serviço que tive oportunidade de ver funcionando efetivamente na South West Airlines, na John Lewis Partnership, na divisão First Direct do HSBC e nas lojas IKEA:

1. Defina com certeza o que é mais importante. (Para a Zappos é um excelente atendimento. Não há limites para a duração das conversas telefônicas com os clientes — o recorde até o momento é de oito horas).

2. Cerque-se de líderes talentosos e que tenham uma aptidão para se comunicar (a equipe de executivos sentados uns atrás dos outros em mesas sem divisórias bem no meio do escritório central).

3. Contrate as pessoas certas (durante o treinamento inicial na empresa são oferecidos US$ 4.000 para que você desista, e **97% recusam**).

4. Incentive uma cultura de diversão e envolvimento (os "zappo-nianos" são encorajados a acreditar em "diversão e um pouco de singularidade").

5. Funcionários contentes tornarão os clientes contentes e clientes contentes contagiarão outros consumidores.

Essa é a fórmula de sucesso para qualquer organização de serviços; a Zappos faz isso particularmente bem e seu ambiente físico foi responsável por parte desse sucesso. No cerne desse trabalho encontra-se a habilidade de interagir com o cliente de uma maneira positiva e favorável. Isso significa que eles precisam agir da mesma forma com seus colegas e que o ambiente de trabalho deve ser amistoso, prazeroso e repleto de entusiasmo pela vida. Os zapponianos recebem um orçamento para decorar seu próprio espaço e as salas de reunião. Os valores "diversão" e "um pouco de singularidade" promovidos pela Zappos dão liberdade para que os funcionários se tornem realmente criativos.

Em última análise, um espaço físico que reflete o modelo de negócio mantêm todos em sintonia; isso significa que todas as pessoas querem contar a história da Zappos. Envolver todos os funcionários com a realidade mais ampla e responsabilizá-los pelos detalhes mais ínfimos é uma recompensa que a maioria das corporações amaria receber.

O diretor executivo da Zappos, Tony Hsieh, em sua mesa.

A Universidade de Exeter, no Reino Unido, explorou o vínculo entre a produtividade e a possibilidade de os funcionários darem sua opinião sobre o *design* de seu ambiente de trabalho. Em um experimento, diferentes pessoas foram solicitadas a realizar uma atividade em diferentes espaços de trabalho. Aquelas que tiveram permissão para planejar e decorar seu próprio ambiente obtiveram apresentaram uma melhoria impressionante de 32% na produtividade em comparação com às pessoas solicitadas a trabalhar em uma sala insípida.

Segundo o dr. Craig Knight, que conduziu o estudo (Universidade de Exeter, 2010): "Quando as pessoas se sentem desconfortáveis em relação ao ambiente circundante, elas se envolvem menos, não apenas com o espaço, mas também com o que elas fazem dentro desse espaço. Quando elas têm algum controle, elas dizem que se sentem mais felizes no trabalho, identificando-se mais com seu empregador, e são mais eficientes enquanto trabalham."

> 66
>
> *Aquelas que tiveram permissão para planejar e decorar seu próprio ambiente apresentaram uma melhoria impressionante de 32% na produtividade em comparação com às pessoas solicitadas a trabalhar em uma sala insípida."*

Vamos à prática

A criação espaços propícios à inovação não pode ser uma atividade isolada. Pense na Method. Os diretores da empresa eram grandes defensores de seu espaço e seus valores ampliaram os efeitos e os pontos fortes desse espaço. Para a Method, essa estratégia está no cerne da empresa. Desse modo, para evitar que o aprimoramento dos espaços torne-se algo apenas simbólico ou acabe apenas em algumas demãos de tinta, incorpore no próximo plano anual uma seção de estratégia de espaço e mostre como isso ajuda o objetivo de crescimento.

Se você for renovar seu espaço de acordo com o que sugeri, um dos primeiros pontos é o gerente de manutenção ou instalações prediais. Esses gerentes têm um trabalho difícil. Por um lado, eles tentam manter a segurança do prédio e conter os custos e, por outro, eles têm de pelejar com pessoas irritantes como eu que dizem algo como: "Vamos fazer esse espaço parecer um pouco mais desorganizado, vamos deixar todas as nossas ideias expostas na parede durante um mês, vamos deixar nossos protótipos à vista." Obter o apoio desses gerentes é uma tarefa importante.

Concluindo, talvez seja mais fácil escolher uma parte do escritório ou de um departamento e, com o espírito de "tornar suas ideias reais", simplesmente ir em frente e realizar algumas mudanças. Peça a seus colegas para participarem ativamente. **E não se esqueça dos bolos!**

5
Combatendo a Máquina Corporativa

Contornando os do contra e as inevitáveis barreiras organizacionais

Em 30 segundos

Se você tivesse apenas 30 segundos, eu lhe diria:

Fazer com que uma ideia seja aceita dentro de uma organização na verdade é muito mais difícil do que ter a ideia. Às vezes parece que o combate ocorre dentro da própria empresa e não no mercado.

◆

A forma como um desafio de inovação é enquadrado e formulado determina seu sucesso posterior. Precisamos saber quanto é necessário inovar, que tipo de inovação é essencial e quando.

◆

De modo semelhante, o desafio de inovação deve ser dimensionado desde o princípio. Quanto mais conseguirmos definir o que está dentro e fora do escopo, menos as outras pessoas farão suposições limitantes.

◆

Os líderes que demonstram paixão por seus produtos contornam a burocracia.

◆

Não é possível inovar se sua mente estiver em outro lugar. Crie um "espaço de respiro" essencial por meio de um "brado de guerra" focado e instigante.

◆

Uma grande empresa precisa de zonas de segurança para a inovação.

◆

No ambiente de trabalho, o poder que os boatos, os rumores ou as histórias passadas de boca em boca têm para acelerar ou destruir uma inovação é subestimado. Sua reputação de ser um bom ouvinte pode atrair boas ideias e pessoas ao seu redor.

♦

As medidas contábeis normais não funcionam para a inovação. Na verdade, as medidas de inovação precisam inspirar diálogos frutíferos entre os inovadores e seus patrocinadores.

♦

Por fim, as organizações sempre terão pessoas que são do contra; em vez de ficarem deprimidos com as pessoas que veem o "copo metade vazio", os inovadores se aprazem com o desafio de persuadi-las.

"Se você desejar instalar programas de videoconferência, podemos lhe dar uma resposta daqui a alguns meses, depois que conversarmos com nossos fornecedores autorizados. Além disso, se você quiser afixar qualquer coisa à parede, precisará procurar a Comissão de Padronização Predial." Pierre, o novo diretor executivo de inovação de uma varejista global, não conseguia acreditar no que estava ouvindo. Tudo o que ele queria fazer era criar uma "sala de investigação de inovações" para um de seus projetos. Para piorar as coisas, durante a semana anterior, muitos chefes de departamento o chamaram para advertir que ele deveria parar de utilizar o pessoal deles em projetos de inovação. Pierre era capaz de lidar com um ambiente passivo e agressivo, mas aquilo parecia ser uma guerra declarada.

"Você poderia apenas...". Karen nem sequer ouviu o final da frase. Ela já tinha pedidos suficientes desse mesmo tipo. Para Karen, parecia que ela poderia passar o dia todo correndo de um lado para outro para redigir uma apresentação após outra para os altos executivos que desejavam saber um pouco mais sobre seu projeto de inovação. Ela tinha a impressão de que todos estavam correndo atrás do próprio rabo. Alguém, em algum lugar, precisava dizer **"PARE"** e trazer novamente o foco para o prosseguimento das inovações, e deixar as demonstrações de lado.

Yoon ficou extremamente feliz quando aceitou um emprego na área de inovação; ele se sentiu um cara de sorte e foi trabalhar feliz em seu primeiro dia. Ele ficou ainda mais feliz com sua primeira reunião com os gerentes de projeto. Ele os levaria para um lugar longe do escritório em que pudessem pensar livremente. "Temos uma tela em branco", disse ele, "agora tudo depende de nós, e nos reuniremos uma vez por mês. Não sabemos aonde vamos chegar, mas não vejo a hora de trabalhar com vocês." O discurso entusiástico de Yoon recebeu mais que aplausos educados. Sua reunião seguinte foi com o diretor financeiro, e o coração dele quase parou com a salva de elogios do diretor: "Antes de você embarcar nessa sua curta viagem, preciso ver uma projeção de cinco anos para esses projetos. Preciso saber que impacto isso terá nos resultados finais."

Os Verdadeiros Heróis da Inovação

Pierre, Karen e Yoon; esses nomes são fictícios, mas as histórias são verídicas. Às vezes parece que o combate pela inovação não está sendo travado no mercado: ele está sendo travado **internamente** — contra a máquina corporativa. Mesmo quando a liderança de uma empresa encara a inovação como uma prioridade, a máquina corporativa algumas vezes parece trabalhar contra e não a favor desse objetivo. Talvez isso não seja aparente no princípio, mas **os do contra**, aqueles que só enxergam o pior em uma situação, revelam seu verdadeiro caráter com o passar do tempo. E algumas organizações são nitidamente antagonistas; a inovação é vista como uma ameaça à carreira. Assisti a vários desses combates. Eles têm um aspecto bastante semelhante, independentemente do setor em que você está atuando. É como se você estivesse "nadando no melado" (*treacle*). Meus colegas nos EUA se divertem com essa expressão, onde o equivalente da palavra *treacle* é *molasses* (melaço).* Imagine-se então nadando em melaço, se isso ajudar. Outro exemplo visual sobre como a inovação realmente é sentida é o jogo de tabuleiro "*Serpentes e Escadas*". Muitos inovadores descrevem seu trajeto como partindo do 0, no canto inferior esquerdo, com a meta de chegar a 100, no canto superior direito. Algumas vezes uma escada pode levá-lo mais rapidamente adiante, mas, na maioria das vezes, uma serpente inesperada o suga pelas costas.

No começo dessa entusiasmante viagem pela inovação, vemos indivíduos e pequenas equipes trabalharem juntos de uma maneira extraordinária. À medida que uma ideia ganha mais forma, mais pessoas se envolvem. De

> "Às vezes parece que o combate pela inovação não está sendo travado no mercado: ele está sendo travado internamente — contra a máquina corporativa."

---

* N. de T.: *Treacle* refere-se também a discursos e sentimentos enjoativos, algo excessivamente sentimental, uma forma de expressar amor e emoções que parece ingênua ou insincera.

repente, todo mundo fica interessado por nossa brilhante ideia, mas isso só faz as coisas ficarem mais lentas. Nosso "uma hora capitão, outra pirata" exige toda astúcia possível da pessoa que encarna esses papéis para manter as coisas coesas e fazer as ideias "atravessarem a linha de chegada".

O segredo é estabelecer bem as coisas logo no começo, para que a máquina corporativa possa se mover rapidamente e tirar proveito das reviravoltas ao longo do caminho. A inovação precisa ser cuidadosamente "emoldurada" no princípio, assim como seu escopo. Os inovadores precisam gerenciar sua reputação para que atraiam ideias e a assistência da máquina corporativa. Eles precisam se preocupar com seus produtos e não com os processos — devem criar um espaço de respiro, zonas de segurança e medidas certas. Essas são apenas algumas das táticas necessárias para superar os inevitáveis obstáculos. O lema é antecipação, discrição e tenacidade. Porém, mais do que qualquer outra coisa, a resposta é não experimentar nem lutar contra a burocracia com mais reuniões e mais apresentações. Em vez disso, mantemos tudo simples, intensificamos o diálogo aberto e lutamos por aquilo que é certo para os nossos clientes.

Preparando a inovação para que ela tenha sucesso

A inovação é uma bola de fogo e dentro dela sempre são detonados diversos miniexperimentos. Algumas vezes aprendemos com eles a tempo de fazer determinada mudança, outras vezes aprendemos com eles, mas não fazemos o suficiente rápido o suficiente. Essa bola de fogo poderá ganhar velocidade e explodir em um lançamento bem-sucedido ou perder gradativamente o calor, diminuir a velocidade e extinguir-se, tornando-se um humilhante filete de fumaça. **A inovação é de fato um suspense**!

Imagine de que forma podemos emoldurar uma tela. A moldura representa as margens da tela. Tomamos o cuidado de pendurá-la com a melhor iluminação possível e no melhor lugar para que o público extraia dela o máximo que puder. Essa é uma forma favorável de considerar a inovação, visto que os motivos responsáveis pelo insucesso da inovação (o humilhante filete de fumaça) geralmente podem ser reconstituídos retroativamente aos dias iniciais — exatamente ao momento em que "estabelecemos" o desafio. A inovação precisa ser cuidadosamente emoldurada desde o princípio, a organização precisa saber o quanto ela é importante e o que está dentro e fora do escopo. Sem esse enquadramento, as pessoas farão suas próprias suposições sobre a inovação. Alguns a considerarão importante, outros a desprezarão simplesmente como uma atividade que "é bom ter". Alguns admitirão que a inovação está relacionada a mudanças e ajustes em produtos e serviços, enquanto outros assumirão que ela tem a ver com rupturas e mudanças revolucionárias. O enquadramento dos desafios determina o sucesso da inovação.

Recentemente eu estava ministrando um *workshop* de estratégias de inovação com a diretoria de uma empresa multibilionária. Perguntei ao diretor executivo o quanto a inovação era importante. Ele respondeu **"muito"**, e acrescentou: "Já inovamos todos os elementos de produção e distribuição, não há nada mais que possa vir de lá." Forcei para que ele dissesse quanto a inovação precisaria crescer. Ele conferiu com o diretor financeiro e disse que, mesmo que fizessem as aquisições que estavam pretendendo e trabalhassem pesado, haveria ainda uma defasagem de receita de 1 bilhão de libras esterlinas nos próximos quatro anos. Ele não pensava em postergar o plano. Por isso, a inovação precisaria gerar uma receita de 250 milhões de libras dentro do próximo ano. Quando a ficha caiu, os demais membros da diretoria deram um suspiro coletivo. Isso não era de fato uma novidade, mas era a primeira vez em que essa realidade lhes estava sendo expressa de forma tão direta.

Portanto, na história acima, quando pedi ao diretor executivo para dizer que magnitude de inovação ele precisava, ele subtraiu a receita do "crescimento normal" e a receita das aquisições programadas da meta de receita que havia sido determinada pelos acionistas. Essa lacuna na verdade pa-

5. Combatendo a Máquina Corporativa

recia um abismo. Além disso, o diretor executivo conseguiu "enquadrar" o tipo de inovação necessária. Ele estava procurando receita e, por isso, inovar por meio de novos produtos, da determinação de preço e de rotas para o mercado era mais importante para ele do que criar formas mais eficientes em termos de custo. Ele também conseguiu enquadrar o tempo necessário para essa inovação. São estes os fundamentos para emoldurar o desafio de uma inovação:

- Quanto?

- Que tipo?

- Até quando?

Portanto, evidenciar a "defasagem de crescimento" é um primeiro passo indispensável no enquadramento dos desafios da inovação. Que receita ou lucro a inovação deve gerar? Se o número for significativo, a inovação será estabelecida como um dos elementos essenciais de uma estratégia de alto nível. Ser transparente a respeito da disparidade de crescimento é efetivamente uma apólice de seguro contra a possibilidade de a inovação tornar-se órfã dentro da organização.

Outro método importante para preparar a inovação para o sucesso é determinar claramente seu **escopo**. Vivenciei desafios supostamente "disruptivos", expressos com tantos detalhes, que não havia de fato liberdade para olhar além do horizonte e realmente repensar o negócio. Por esse motivo, o que deveria ser uma inovação revolucionária é visto pelos clientes como nada mais que uma mudança comum e levemente maçante. Vivenciei desafios que não eram explícitos quanto aos fatores restritivos, até que eles se evidenciaram tarde demais para que pudéssemos fazer alguma coisa. Se alguma vez você já cogitou em perguntar: "Por que não me disseram isso desde o princípio?", entende o que estou dizendo. Também vivenciei inovações definidas com um tal nível de abstração, que o projeto se tornou

Os Verdadeiros Heróis da Inovação

Para mostrar a importância de um dimensionamento inteligente, gostaria de conduzi-lo a um lugar improvável. É 1982, a música *Eye of the Tiger* da banda Survivor era a número um nas paradas musicais dos EUA e do Reino Unido e eu havia acabado de comprar meu primeiro carro. Longe de ser um V-8, o peculiar Citroën 2CV de dois cilindros foi projetado na França na década de 1930 e foram produzidos nove milhões entre 1948 e 1991. Originalmente, o 2CV vinha com um cabo para dar partida e sem travas nas portas. O modelo que comprei tinha bancos removíveis (para piqueniques) e capota conversível. Levei vários minutos para atingir a velocidade máxima de aproximadamente 95 km/h. Dirigindo por aí, cantando, me sentia o rei da estrada! Aqui estou eu em 1982, proprietário orgulhoso do *The Beast*, em uma clássica foto do "meu primeiro carro". Minha irmã mais nova, Zoë, estava nitidamente ciente da importância dessa ocasião.

O curioso a respeito desse carro é o nível de clareza com que essa inovação foi dimensionada. Pierre-Jules Boulanger, diretor de *design* da Citroën, disse a seus *designers* que eles estavam prestes a criar o carro

> mais simples e barato possível — ele o chamou de "guarda-chuva sobre rodas". Boulanger disse à sua equipe que esse novo carro deveria transportar um fazendeiro e sua família por estradas de terra enlameadas sem quebrar uma caixa de ovos no banco de trás. Os passageiros deveriam ter condições de usar tamancos e chapéu com conforto. Em uma estrada de alta velocidade deveria atingir 60 km/h e custar não mais que um terço do valor de seu concorrente mais próximo.
>
> Em 1948, quando começou a ser produzido, o 2CV recebeu críticas pungentes de que era feio, mas os franceses o amaram. A lista de espera era de dois anos e o *design* permaneceu mais ou menos o mesmo por cerca de 40 anos, algo sem precedentes.
>
> O dimensionamento do *briefing* de inovação do 2CV foi brilhante. Conseguiu um nível de detalhamento favorável e, além disso, deu aos *designers* imensa liberdade para experimentar. O *briefing* era claro em relação a dois fatores — a qualidade da viagem para os passageiros e o preço —, mas todo o resto estava em aberto. A criatividade adora esse tipo de restrição. O foco do desenvolvimento passou a ser então quebrar todas as regras no *design* das suspensões e fabricar um motor leve. **O Citroën 2CV foi um veículo verdadeiramente inovador**.

impraticável, do tipo "mover uma montanha". Esses projetos invariavelmente implodem em decorrência do número impressionante de opções que se evidenciam.

Um método prático para estabelecer o escopo de um desafio de inovação é forçar uma investigação de versões expandidas e reduzidas do *briefing*. Para começar, anote a definição inicial do desafio no meio de uma página. Na foto da página seguinte, tirada de nosso trabalho com uma empresa de trens, o desafio original era "melhorar os assentos da primeira classe". A equipe foi capaz de expandir o desafio fazendo uma pergunta simples:

POR QUÊ? - Mudar os passageiros de segunda classe para a primeira classe.

- Melhorar a lucratividade da primeira classe...

- Oferecer uma experiência de viagem sempre especial de um destino a outro.

MELHORAR OS ASSENTOS DA PRIMEIRA CLASSE!

COMO? - Como podemos oferecer assentos multifuncionais (para dormir, trabalhar...)?

- Podemos inserir propagandas nos assentos?

- Podemos oferecer "poltronas" como os cinemas de luxo oferecem?

"Por quê?". A resposta permitiu que a equipe escalonasse o desafio e ampliasse seu escopo. Desse modo eles conseguiram definições maiores e mais amplas do desafio. Em seguida, respondendo a pergunta **"Como?"** eles foram capazes de reduzir o desafio. Nesse momento eles conseguiram definições mais reduzidas e específicas. Cada uma dessas novas definições abrem perspectivas novas e instigantes com relação ao desafio e gera uma série de novas ideias. Sempre fico impressionado com o fato de como até mesmo pequenas alterações na definição de um desafio de inovação podem ter um impacto tão grande no escopo do projeto e nas ideias que serão geradas. Perguntando "Por quê?" e "Como?" é impossível tornar as ferramentas da inovação mais simples e mais eficazes do que isso.

Não há nenhuma regra que declare que uma definição ampliada ou reduzida é melhor. O segredo é forçar a investigação de definições alternativas e fazê-lo logo no início.

Contudo, até mesmo com uma definição clara de nosso desafio, é muito fácil um grupo de pessoas fazer suposições sobre o que está dentro e fora do escopo. É importante confrontar as suposições desde o início. Você pode pensar que não é necessário, por acreditar que todos estão em sintonia, mas essa é em si uma suposição perigosa.

Uma vez estávamos trabalhando com um banco de varejo na proposição para o cliente e em um modelo comercial do **"banco do futuro"**. Projetos revolucionários como esse podem fugir ao controle rapidamente, a não ser que toda a equipe tenha uma ideia clara sobre até que ponto eles precisam ampliar o escopo e estar de acordo com o que está fora e dentro desse escopo.

No princípio do projeto reunimos um grupo de interessados particularmente influentes em uma grande sala de reuniões. Nós os surpreendemos quando pedimos para que ficassem em pé ao redor de uma corda sobre o chão em formato de círculo. Antes dessa sessão, havíamos pedido a todos para rascunhar ideias sobre um banco do futuro — eles precisavam idealizar e anotar ideias óbvias e também radicais. A equipe da ?What If! havia feito um trabalho complementar. Havíamos varrido o planeta em busca de novas ideias e negócios interessantes. Todos haviam levado esse dever de casa para a reunião e decidi começar com minha ideia mais radical, uma que tinha certeza de que seria rejeitada e considerada muito **"extravagante"**. Suspendi uma folha de papel com o título da minha ideia; o banco suspenderia todos os seus produtos e se tornaria um "localizador" de serviços financeiros. Prometendo serviços personalizados, o banco seria um tipo de lugar comparável a um ser humano, pois receberia instruções de seus clientes, varreria o mercado à procura dos produtos certos e lhes ofereceria a melhor opção em troca de uma comissão de localização. Havia me preparado para os uivos de escárnio, mas elas não ocorreram. "Isso não é tão maluco quanto parece", disse um dos banqueiros. Outro deu mais apoio: "Não havia cogitado isso, mas acho que deveríamos pensar sobre o assunto — não deveríamos nos restringir ao tipo de negócio que temos hoje."

Em seguida houve um grande debate e por fim minha ideia foi colocada dentro do círculo. Ela estava **"dentro do escopo"**. Esse debate deu uma ideia à equipe de projeto sobre o que os investidores estavam pensando e qual era o nível de risco que eles estavam preparados para tolerar. O tempo voou enquanto dissecávamos e discutíamos as outras 20 e poucas ideias. No final da sessão, algumas ideias foram postas dentro do círculo e outras fora. Tínhamos então uma percepção bastante clara do que estava dentro ou fora do escopo. No momento em que estavam saindo, os investidores comentaram sobre o quanto havia sido estimulante falar sobre "coisas reais", em vez de discutir hipóteses. O simples ato de fazer com que as pessoas fiquem em pé ao redor de uma corda e discutam sobre o que deve ficar dentro e o que deve ficar fora é sempre eficaz. Ficar em pé em vez de sentar, colocar uma ideia fisicamente dentro ou fora do círculo — de alguma maneira isso injeta uma energia real e coleguismo dentro do processo.

5. Combatendo a Máquina Corporativa

Para que uma sessão de definição de escopo funcione, é essencial que os **principais participantes compareçam** e **não simplesmente enviem representantes**. Atraia os verdadeiros interessados para essa reunião sustentando que o projeto não pode começar sem eles. Bajule-os, tente coagi-los, bata o pé, seduza-os com comida — utilize qualquer coisa que surta efeito no seu caso. É necessário que os verdadeiros interessados estejam presentes. E procure evitar que eles o censurem. Eles precisam levar o conjunto mais amplo de possíveis caminhos e ideias. A ideia é "agir sem moderação e ser transparente", independentemente do quanto a ideia possa parecer radical ou impraticável.

Identificamos um número surpreendente de benefícios nesses exercícios simples de definição de escopo. São eles:

- Estimular um amplo grupo de interessados a pôr para fora todas as ideias que eles já tiveram. Essa experiência catártica quer dizer que eles se sentem ouvidos e ficam menos propensos a sabotar posteriormente o processo com a contínua reapresentação de sua ideia favorita.

- Forçar a equipe de projeto a ampliar seus horizontes. Será que a resposta não está em um novo modelo de negócio, em trabalhar com um novo parceiro ou distribuidor?

- Evidenciar ideias provavelmente atraentes — e desde o princípio.

- Ajudar a equipe de projeto a perceber o calibre de seus colegas de inovação e dos interessados.

- Expor divisões dentro do grupo; esse tipo de informação é essencial.

Venere seu produto

A Kingfisher é o maior grupo varejista global de **"faça você mesmo"** fora dos EUA. Esse grupo avaliado em 10 bilhões de libras, leva o nome de B&Q na China e no Reino Unido, Screwfix no Reino Unido e Castorama na França, Rússia, Espanha e Polônia, tem uma *joint venture* com a Kockas na Turquia e uma parceria estratégica com a Hornbach na Alemanha.

Em 2008, Ian Cheshire foi designado para o cargo de diretor executivo e colocou a inovação em um dos primeiros lugares da agenda. Ele designou Andy Wiggins, então diretor do conselho de administração da B&Q, para um novo cargo — diretor do grupo de inovação. Wiggins comenta que, na visão de Ian Cheshire, no começo de um empreendimento como esse, não se pode definir o que é "bom". "O conselho de Cheshire era aceitar a ambiguidade da situação e simplesmente começar a fazer o que eu sentia que estava certo, deixando claro que me apoiaria para que trabalhasse nesse sentido. Achei essa atitude ao mesmo tempo libertadora e a princípio inquietante, mas por fim cheguei à conclusão de que era a maneira certa de abordar o problema, com a flexibilidade de experimentar coisas novas e buscar energia."

Juntos, Wiggins e Cheshire construíram um caminho para a inovação planejado para ser veloz. Primeiro, uma equipe de facilitadores criativos trabalharia com fornecedores, empreendedores e clientes para criar uma plataforma de ideias para novos produtos e processos. Depois, uma equipe do tipo *Dragon's Den** formada por quatro membros da diretoria ouviria os argumentos das ideias mais atraen-

---

* N. de T.: Em referência a *Dragon's Den* (*Covil do Dragão*), série britânica em que determinados empreendedores têm oportunidade de apresentar suas ideias de negócios a cinco investidores, os "Dragões", em troca de uma porcentagem de sua empresa e direitos sobre o produto.

tes. Eles tinham uma verba multimilionária em libras destinada à inovação e o poder de liberar recursos financeiros rapidamente. Em seguida, uma equipe de pilotos e entrega, com aproximadamente oito líderes operacionais, garantiriam que as ideias fossem acompanhadas rapidamente como pilotos em algumas lojas. Esses pilotos poderiam ser novos modelos de varejo, novas ideias de atendimento e serviço ou novos produtos.

Quatro anos depois que Cheshire pressionou o botão da "inovação", as ações da Kingfisher dobraram de valor — para 7,2 bilhões de libras esterlinas —, os investidores obtiveram retornos de 126%, enquanto o índice FTSE [Índice FTSE (Financial Times Share Exchange)] teve um mero retorno de 16%. Isso ocorreu mesmo com a recessão severa na maioria das economias europeias durante o mesmo período. Parte do desempenho da Kingfisher parecer ter vindo de economias de integração e do maior poder aquisitivo obtido em consequência da expansão da empresa, mas a inovação desempenhou um papel fundamental.

Hoje, tanto na B&Q quanto na Castorama, você pode receber aulas de "faça você mesmo". **Você não sabe como assentar revestimentos cerâmicos?** Basta escanear o código de barras QR (*quick response*) na prateleira e assistir a um vídeo em seu *smatphone* sobre cálculo, assentamento e rejunte. Você pode contratar o serviço de transporte se por acaso tiver comprado mais do que o planejado. **Vai se casar?** Experimente a lista de casamento da B&Q — *on-line*. Existem lojas e auditorias ecológicas para ajudá-lo a gerenciar o consumo de energia. Você pode comprar lâminas de madeira para o terraço e cercas com encaixe e até mesmo vasos sanitários que economizam espaço, com pia e torneira incorporadas. Em quatro anos a Kingfisher evoluiu de uma varejista esforçada para um negócio global de rápido crescimento impulsionado pela inovação.

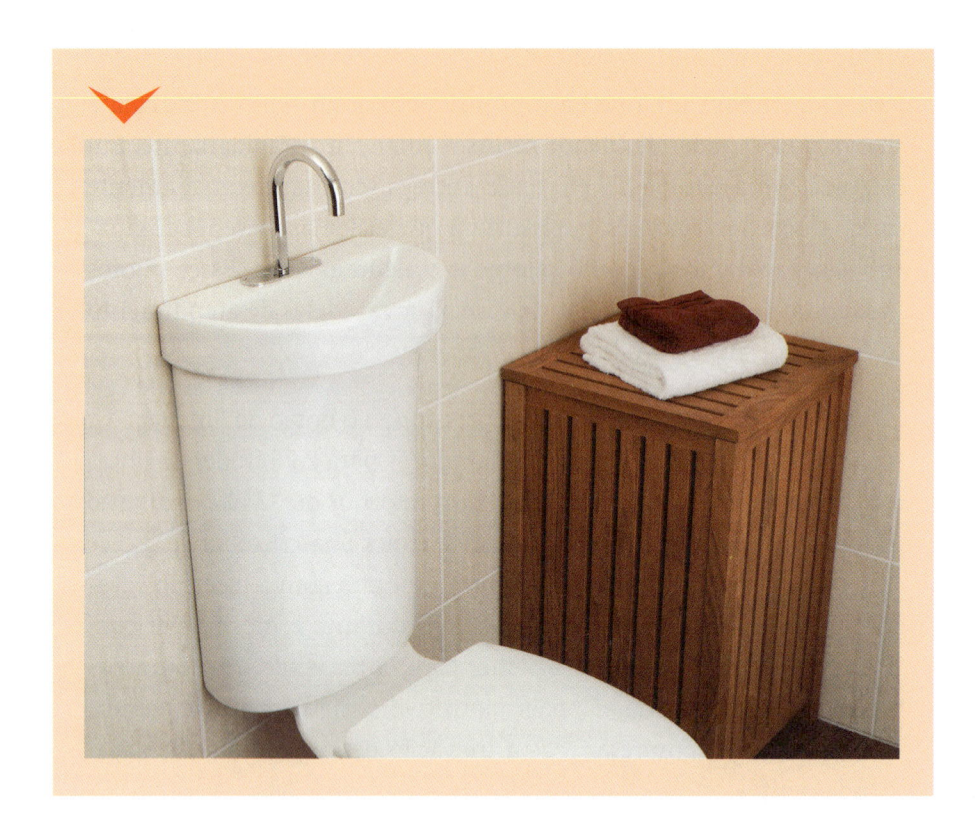

Acho a história do grupo Kingfisher extremamente instrutiva. Para fazer com que as coisas andem em uma organização de grande porte, os altos executivos precisam estar extremamente envolvidos (e precisam ser vistos dessa forma) com seus produtos. Quando ouvimos os executivos da Kingfisher falando sobre os negócios do grupo, não temos dúvida de que eles pensam primeiro nos produtos (e nos clientes) e depois em processo.

Um líder profundamente envolvido com o produto de sua empresa, e reconhecido por isso, pode de fato agilizar a inovação. Embora a receita da maioria das emissoras de televisão esteja encolhendo durante a atual crise econômica, as receitas da UKTV crescem ano após ano. O diretor executivo (CEO), Darren Childs, atribui esse desempenho à capacidade da emissora de mover rapidamente e inovar. Segundo ele: "A maioria das pessoas utilizará na inovação o mesmo processo que elas empregam para

5. Combatendo a Máquina Corporativa

> "
>
> *A maioria das pessoas utilizará na inovação o mesmo processo que elas empregam para encomendar clipes para papel — uma enorme quantidade de processos de aquisição e de retorno sobre o investimento."*

encomendar clipes para papel — uma enorme quantidade de processos de aquisição e de retorno sobre o investimento." Childs afirma que a solução para acelerar o fluxo de ideias na UKTV é seu foco sobre produção de programas e não sobre o processo: "Demonstro um imenso interesse pelo produto, posso mudar as coisas rapidamente por meio da administração — consigo dar sinal verde para as coisas imediatamente". Childs acrescentou: "Ter paixão pelo produto de fato pode fazer diferença para o diretor executivo; eu realmente consigo ajudar a construir o futuro da empresa ao fazer com que as boas ideias aconteçam rapidamente."

Espaço de respiro

A série *Harry Potter*, de J. K. Rowling, nos apresenta os **"dementadores"**, criaturas desalmadas que são consideradas os seres mais asquerosos da Terra. São demônios abomináveis que sugam sua alma e, tal como o nome sugere, levam as pessoas que têm contato com eles durante muito tempo à loucura.

Se você ainda não viu os dementadores em ação, é aconselhável fazê-lo. Eles são também uma ótima metáfora sobre como a inovação com frequência é sentida em uma grande empresa.

Muitos inovadores que trabalham em grandes organizações relatam o *efeito dementador*. Eles não conseguem encontrar tempo nem energia para mergulhar em seus projetos de inovação. Chega-se a um ponto em que, para descobrir novas coisas, os inovadores precisam sair do escritório e entregarem-se a novos estímulos. Essa mudança deliberada de lugar é essencial e, se sua mente for constantemente desviada, isso não ocorrerá. Com o passar do tempo, os inovadores perdem sua magia e têm cada vez menos perseverança para combater a máquina corporativa. Sem perceber tudo isso, seus projetos de inovação resvalam para a mediocridade. Essa ciclo fatal da inovação não é incomum.

Um dos principais motivos pelos quais a alma é sugada é o excesso de relatórios. Uma reclamação comum é de que os líderes estão fora do alcance com relação a até onde sua voz pode chegar, como ela é distorcida e quanto espaço de respiro um pedido mais ínfimo pode exigir. Outro motivo é a dependência da empresa para com um mundo de possibilidades. É fácil dar início a um número exagerado de projetos. Segundo um dos meus clientes, ele se sentia como se "o céu estivesse saturado de aviões — cada um deles seria como um projeto, mas não há espaço de aterrissagem, e o tempo todo outros aviões decolam". Algumas pessoas reclamam do excesso de feudos e do desânimo que sentem quando descobrem que uma pessoa a apenas alguns metros de distância vem trabalhando na mesma atividade que elas.

Independentemente do motivo dessa falta de energia, os inovadores precisam de um **"espaço de respiro"** adequado. Eles precisam da combinação certa entre atitude positiva e tempo livre para se concentrar. A história que melhor demonstra cooperação, paixão e clareza vem da Unilever. Essa história é extremamente importante para mim (ainda que não possa receber nenhum crédito por ela), pois comecei minha carreira trabalhando como estagiário na área de *marketing* da Unilever, com as marcas de sabão para lavar roupa.

> A Unilever sempre teve uma sólida participação de mercado no segmento de sabões líquidos como Persil, Omo, Brilhante, Surf e Minerva — em todos os países do mundo, exceto nos EUA, onde a Procter & Gamble lidera nesse segmento. O sabão em pó ou líquido é um produto como o petróleo. Você não o deseja pelo que ele é em si, mas

pelas coisas que ele pode fazer por você. É difícil criar uma percepção de "diferenciação" com produtos como esse. Durante vários muitos anos, as marcas de sabão líquido ficaram presas à antiquada comparação entre roupa limpa e roupa **"realmente limpa"**.

Em 2000, um pequeno grupo de marcas global, chamado de *Top Clean*, foi criado na Unilever, sob a liderança de David Arkwright. Sua responsabilidade era dar vida ao portfólio de sabões em pó e líquidos de alto desempenho da Unilever em nível global.

Inicialmente, Arkwright reuniu uma pequena equipe na sede da Unilever em Londres. Eles prometeram uns aos outros que trabalhariam de uma maneira diferente. Sairiam do escritório para sentir na pele o que os consumidores (especialmente as mães) realmente pensavam e falavam a respeito de sabões. Não teriam medo de propor novos conceitos de *marketing*, independentemente do quanto eles parecessem disruptivos. A equipe de Arkwright percebeu que esse mercado precisava de algo bem diferente daquelas cansativas mensagens sobre limpeza biológica ou branqueadora.

Alguns meses depois, a equipe do *Top Clean* deparou-se com uma campanha publicitária que a Unilever estava veiculando no Canadá para o *Sunlight*, outra marca de sabão para tecidos. O *slogan* "*Go ahead, get dirty*" ("Vá em frente, pode se sujar") promovia uma postura de vida despreocupada, algo que se desviava sensivelmente das mensagens usuais de **"mais branco que o branco"**. As vendas do *Sunlight* no Canadá dispararam.

Inspirada, a equipe do *Top Clean* começou a experimentar novas mensagens de marca que explorassem uma atitude mais libertária para os pais. A nova mensagem dirigidas às mães era radical: "*Let your kids enjoy their childhood. Let them get dirty because that's how they learn e develop — we'll take care of getting their clothes clean*" ("Deixe seus filhos aproveitarem a infância. Deixe seus filhos se sujarem porque é assim que eles aprendem e crescem — cuidaremos de deixar a roupa deles limpinha". Para esse posicionamento de marca a Unilever utilizou o conceito *Dirty is Good* ("Porque se sujar faz bem"). Esse *slogan*, quando introduzido pela primeira vez sob a marca OMO na Turquia e no Brasil em 2003, obteve grande sucesso. Essas marcas tiveram grande repercussão ao utilizar como foco um tema mais importante para as mães — o **desenvolvimento dos filhos**. A mensagem "Porque se sujar faz bem" era tão simples e eficaz que, quando testada entre as mães, desencadeou uma catarse, deixando muitas com lágrimas nos olhos.

Em 2005, Aline Santos, vice-presidente global do conceito de marca "Se sujar faz bem" da Unilever no Brasil, assumiu o comando. Quando Aline Santos começou a difundir esse novo posicionamento radical ao redor do mundo, as vendas cresceram de maneira semelhante. A receita da marca aumentou de 330 milhões de euros, quando Arkwright começou a defender a causa, para 3,2 bilhões de euros em 2010, quando Aline Santos finalizou o lançamento global. "O sucesso tem um sabor extremamente agradável", disse ela.

Isso é mais do que apenas uma nova ideia de comunicação; isso abriu maiores oportunidades para a inovação. Assim como a mensagem "Porque se sujar faz bem" sensibilizou profundamente as mães ao redor do mundo (na Turquia, 500.000 delas são "amigas" do OMO no Facebook), também incentivou a equipe que trabalhava com a marca. Esse "conceito de organização central" inteligente e simples permitiu que o pessoal da Unilever se espalhasse por vários países diferentes para ser guiado pela mesma estrela-guia. Hoje, o desenvolvimento técnico está voltado para o tipo de mancha comum nas roupas das crianças (pense em manchas de grama, e não de vinho). A atividade promocional está voltada para a grande ideia de permitir que as crianças se sujem e aprendam. A

5. Combatendo a Máquina Corporativa

marca atraísse os melhores talentos para a empresa e as agências afiliadas ao redor do mundo.

A história do conceito "Se sujar faz bem" torna-se ainda mais interessante se considerarmos a resistência interna contra ele no princípio. A Unilever tem um admirável histórico com relação ao hábito de limpeza, o que em muitas partes do mundo não é apenas um benefício estético — mãos limpas, pele limpa, louças limpas, esses temas não são triviais. A adoção do posicionamento "Se sujar faz bem" foi algo de extrema importância para a Unilever. Depois de 100 anos dizendo "Se sujar faz mal", mudar para "Se sujar faz bem" foi um desafio. De acordo com Aline Santos: "O principal problema não era o consumidor, mas a resistência interna à mudança. Tivemos de convencer cada um dos países de que a ideia era eficaz, país por país, região por região, mas com paixão chegamos lá." Embora houvesse uma mistura de diferentes mensagens nas marcas de sabão da Unilever, hoje o conceito "Se sujar faz bem" unificou várias marcas em nível global e é amplamente reconhecido como uma **mudança brilhante** e **ousada**.

> *O mais importante é manter o mais importante o mais importante."*
>
> **Créditos variados**

Existe um dilema interessante com relação a criar "espaço de respiro" para os inovadores. Você pega uma faca e corta as iniciativas (o que Steve Jobs conseguiu fazer muito bem quando retornou para a Apple em 1997 e interrompeu centenas de projetos) ou você substitui a desordem por inspiração e clareza? Para mim, a história do conceito "Se sujar faz bem" é um excelente exemplo de que, quando uma equipe diversa consegue um foco inspirador, é muito mais fácil dizer **"não"** a iniciativas excêntricas e caprichosas e concentrar-se no mais importante.

Zonas de segurança

> Para lançar a Features Store, uma ferramenta que pode ser utilizada *on-line* ou na própria agência e lhe permite personalizar quase todos os aspectos de sua relação bancária, o Barclays reuniu um grupo de 50 especialistas, provenientes de todas as partes do banco. Eles foram alojados em um mesmo lugar e tinham um prazo de 90 dias para integrar mais de 200 operações distintas em uma proposição uniforme. Steve Cooper, diretor executivo de produtos e segmentos do Barclays Retail & Business Bank do Reino Unido, comentou que: "Todas as pessoas certas podiam conversar umas com as outras em vez de enviar *e-mails*, e eles estavam nisso juntos — desde o início do projeto até o lançamento, a percepção de estímulo e responsabilidade era palpável. Essa é uma maneira nova de trabalhar e gera benefícios em cadeia, visto que todo membro da equipe em algum momento disseminará isso em outras partes do banco." Cooper afirmou ainda que a estimativa original de desenvolvimento do projeto era 18 meses. O motivo de isso ter ocorrido em três meses foi o compartilhamento de localização e o fato de a equipe ter ficado distante da nave-mãe.

Os inovadores precisam de proteção contra a máquina corporativa. Precisam de zonas de segurança em que possam ficar isolados do pensamento convencional e pensar e experimentar livremente. Isso pode ser conseguido tanto com o distanciamento físico entre a equipe de inovação e a nave-mãe, quanto reservando parte da semana de trabalho dos funcionários para que se foquem em inovação. Há alguns pontos que sem dúvida merecem atenção na criação dessas zonas de segurança. Elas precisam do maior nível de continuidade que a organização mais ampla está acostumada a ter, de uma independência genuína, de aprovação da alta administração, de um "para-raios" para resolver os problemas rapidamente e investimento em novas habilidades.

5. Combatendo a Máquina Corporativa

> *A inovação sempre foi conduzida por uma pessoa ou uma pequena equipe que pode se dar ao luxo de pensar em novas ideias e persegui-las. Há uma grande quantidade de exemplos. Isso era verdade há 100 anos e continuará a ser nos próximos 100 anos.*
>
> **Eric Schmidt, ex-diretor executivo da Google, em uma entrevista para a *McKinsey Quarterly* (2008)**

As zonas de segurança da inovação devem contar com uma equipe de pessoas preparadas para se manterem-se fiéis à inovação até seu lançamento. Essa continuidade gera um grande responsabilidade. Um bom exemplo disso é a LoveFilm, uma das empresas que mais crescem na Europa. A LoveFilm começou em 2002 enviando DVDs aos seus clientes. Depois de assistir a um filme, você o devolvia e logo recebia outro DVD indicado em sua lista de favoritos. Simon Calver, diretor executivo da LoveFilm de 2006 a 2012, encabeçou um período de rápido crescimento e transformou a empresa em uma potente organização de entretenimento digital. Enquanto a Blockbuster esforçava-se com suas lojas físicas, Calver ergueu a LoveFilm *on-line* e instantaneamente. A LoveFilm foi adquirida pela Amazon em 2012.

> *A inovação precisa de um pequeno número de pessoas certas, não superior ao que uma pizza consegue alimentar."*

Inovações de ruptura como essas são, por definição, um choque para o sistema e precisam de um tipo diferente de arquitetura organizacional. Um pequeno grupo de pessoas precisa ter habilidade para trabalhar com ritmo e não ser tolhido pelas atividades originais da empresa. Por isso, em vez de comprimir a inovação para que se ajustasse à estrutura existente da empresa, Calver a remodelou para que se ajustasse à inovação. Para muitos executivos, lá se foram as funções do cargo, para darem lugar aos projetos de inovação. Tomando emprestada uma expressão da Amazon, os principais executivos foram organizados em *"Pizzas Team"* ("equipes pizza"). Segundo Calver: "A inovação precisa de um pequeno número de pessoas certas, não superior ao que uma pizza consegue alimentar, e eles têm de se manter fiéis ao projeto — conduzindo-o rapidamente até o lançamento, eles podem cortar caminho, ninguém deixa o bastão cair e há muito orgulho em poder participar."

As zonas de segurança precisam de liberdade para prosseguir e realizar as coisas de uma maneira diferente. A Samsung Electronics tem várias equipes de inovação de produtos (*product innovation teams* — PITs) ágeis ao redor do mundo, que trabalham de uma forma extremamente empreendedora. O líder de cada PIT tem um íntimo relacionamento com a matriz na Coreia do Sul, mas também muita liberdade para recrutar os melhores talentos locais e conduzir os projetos. A Samsung aposta apenas em um pequeno número de projetos de inovação por ano. Isso gera um nível saudável de competição interna entre as PITs. Somente inovadores experientes e decisores competentes conseguem prosperar nesse tipo de cultura. Diferentemente da Samsung, muitas organizações controlam demasiadamente suas equipes de inovação. No meu ponto de vista é muito mais saudável recrutar os líderes adequados ("uma hora capitão, outra pirata") e deixá-los prosseguir.

Costumo chamar uma equipe interna de inovação de **"equipe de incubação"**, que é um pequeno grupo de pessoas, algumas delas externas à organização. A função dessa equipe é esquadrinhar tecnologias e ideias interessantes dentro e fora da organização. As habilidades dessa equipe giram em torno da colaboração externa e da aquisição. A ideia é formar um relacionamento com um grupo externo, incubar novas empresas, até o ponto em que a nave-mãe tenha extraído informações úteis ou integrado uma nova empresa. As incubadoras precisam de executivos experientes para manter a coesão entre os membros de uma equipe diversificada, e eles devem ter credibilidade junto aos empreendedores, aos investidores e à maioria dos altos executivos da empresa à qual pertencem.

Zonas de segurança não significam zonas desamparadas. Se a inovação parece ter perdido o ritmo e estar emperrada, a equipe de inovação precisa saber que existe uma maneira prática de tocar as coisas adiante.

A forma mais prática de lidar com o melado (ou o melaço) me foi indicada Curtis Carlson, presidente e diretor executivo da SRI International e membro do Conselho Consultivo Nacional sobre Inovação e Empreendedorismo do presidente Barack Obama, nos EUA. A SRI foi fundada em 1946 como Instituto de Pesquisa de Stanford (Stanford Research Institute). O SRI separou-se formalmente da Universidade de Stanford em 1970 e mudou seu nome para SRI Internacional em 1977. Atualmente, os laboratórios de pesquisa e desenvolvimento da SRI no Vale do Silício, Califórnia, e suas instalações por todos os EUA criam novas tecnologias, algumas das quais desdobradas em novas empresas. A SRI inventou o *mouse* para computadores, o televisor de alta definição e, mais recentemente, o *Siri*, o assistente pessoal virtual adquirido pela Apple e instalado no *iPhone* de quarta geração. Carlson me disse existe uma estrutura de desvio na SRI chamada de "*Watering Hole*" ("poço de água").

A ideia por trás disso é a de que um projeto nem sempre pode aguardar a próxima reunião programada. Algumas vezes os patrocinadores de um projeto precisam de ajuda, e rápido. Desse modo, o *Watering Hole* é um "fórum de criação de valor" do qual participa uma ampla variedade de pessoas, com frequência o próprio Carlson. Essa é uma oportunidade de mudança de rota e rápido aprimoramento em que todos estão focados no melhor resultado para a oportunidade, o cliente ou o mercado. Chamar essa reunião de **"poço de água"** foi uma ideia bastante espirituosa. Fica claro que se trata de uma reunião especial em que todos os animais da floresta (isto é, diferentes pontos de vista dentro da organização) se juntam para trabalhar em um mesmo projeto. É revigorante e você deseja continuar concentrado na tarefa em questão!

As habilidades que os executivos precisam ter nas zonas de segurança da inovação são diferentes daquelas necessárias em qualquer outro lugar dentro da organização. Muitas empresas recrutam gestores entusiásticos e os treinam para que se tornem facilitadores criativos do "nível ninja" — defensores habilidosos da inovação, preparados para entrar em qualquer parte da organização. Com treinamento, esses ninjas criativos podem se tornar muito competentes para conduzir reuniões "dispendiosas" e programar buscas por provocação e processos experimentais para "tornar algo real". As pessoas que têm essas habilidades são de um valor inestimável para as grandes empresas, e a ideia por trás disso é que, à medida que eles infectam outras pessoas com suas habilidades e entusiasmo, a capacidade da organização de inovar aumenta gradativamente. Esses regimes de "fortalecimento muscular" da inovação são fáceis de adotar, mas sustentá-los requer um sério comprometimento para com o recrutamento dos candidatos certos. É muito tentador treinar pessoas extremamente entusiásticas. Porém, se elas não tiverem seriedade ou não obtiverem o respeito de seus colegas, o programa fracassará rapidamente, e nesse caso muitos anos serão necessários para que a palavra "inovação" volte a aparecer.

Modelos de liderança

Raramente ter equipes ágeis e zonas de segurança é suficiente para promover a inovação dentro de uma organização de grande porte. A inovação precisa ser liderada de cima para baixo. Os exemplos mais extremos de inovação **"liderada por líderes"** são as casas de alta-costura em que os líderes têm — ou se cercam de pessoas que tenham — bom gosto. O líder, por meio de uma mistura de previdência, reputação e carisma, é capaz não apenas de espelhar as necessidades dos clientes, mas de criá-las.

5. Combatendo a Máquina Corporativa

O exemplo mais famoso de uma competente liderança de inovação deve ser a de Steve Jobs na Apple. O que pude extrair de minhas visitas à sede da Apple no *campus* One Infinite Loop é que ele se parece mais com uma casa de alta-costura do que com qualquer outro tipo de empresa. O pessoal na Apple tem uma clara filosofia que gera **moda**! Parece haver pouca necessidade de ouvir os consumidores, o que pode passar a ideia de **arrogância**; mas por que ouvir quando você tem certeza sobre como as coisas devem ser? A Apple tem uma base de fãs hipercriativos e adoráveis e, obviamente, que têm obsessão por detalhes sensoriais. É uma liderança em "criação de moda" como essa que torna o trabalho tremendamente emocionante e cria uma profunda fonte de lealdade e grande dedicação ao trabalho.

> Grande parte de nosso trabalho no escritório da ?What If! em Xangai incluiu parcerias com empresas ocidentais que estão se adaptando ao mercado local. Analisamos o sucesso da Kentucky Fried Chicken (KFC) na China, parte do grupo Yum! (ao qual também pertencem as cadeias Pizza Hut e Taco Bell). Ela é uma das empresas ocidentais de maior sucesso na China e certamente o mais famoso restaurante ocidental de serviço rápido no país.
>
> Na última vez em que estive em um KFC na China reconheci alguns itens do cardápio, mas apenas alguns. O famoso frango frito *Colonel Sanders* estava lá, mas também uma série de opções locais para o paladar chinês: *youtiao* (palitos de pão fritos), *congee* (um mingau tradicional) e tortas de ovo.
>
> Jing-Shyh 'Sam' Su, vice-presidente do grupo global Yum! e diretor executivo da divisão chinesa da Yum!, liderou o explosivo crescimento da KFC na China no começo da década de 1990, quando havia menos de cinco restaurantes da marca. Atualmente existem quase 4.000 restaurantes, e a empresa abriu mais de 500 lojas em 2011. Embora o crescimento da KFC nos EUA tenha paralisado, está dis-

parando na China. A receita da KFC na China superou a dos EUA e passou a contribuir de maneira significativa para os negócios globais da Yum! Sam Su, original da Tailândia e formado pela Wharton e Procter & Gamble, é um líder único e competente que conduziu a equipe para promover uma inovação de excelência.

No início da década de 1990, Sam Su começou a formar uma equipe conhecedora da cultura chinesa. Convicto de que a KFC não deveria ser vista como uma invasão norte-americana, reformulou o desafio, criando desse modo uma cadeia de restaurantes *fast-food* que atenderia melhor os consumidores locais chineses. Ele começou a entender a percepção dos consumidores chineses, pesquisando e desenvolvendo cardápios locais. Na China, a KFC provavelmente está introduzindo de 20 a 30 novas opções por ano no cardápio, enquanto nas demais partes do mundo esse número não passa de um dígito.

A comida é uma parte importante da vida na China, onde o paladar tem milhares de anos de história. A KFC lidou com essa questão de uma maneira sensível com uma marca que tem um apelo estrangeiro inspirador e um forte significado e comprometimento local, tudo apoiado por uma execução impecável.

O crescimento da KFC não teria ocorrido se a equipe chinesa tivesse seguido rigidamente o modelo ocidental. Uma executiva sênior da Yum! chinesa comenta que a habilidade de Sam Su em criar uma cultura empresarial voltada para uma percepção sobre a China foi fundamental: "Aqui, você não pode ter um ego forte; aqui, trabalhamos em equipe." Ela acrescenta que a liderança de Sam Su estimula ideias revolucionárias e um processo contínuo de construção de conhecimento.

Para outras empresas multinacionais, recuar para possibilitar a adaptação local não é uma decisão trivial. Apenas os líderes podem decidir de que forma devem reformular modelos de negócio como esse. No caso da KFC, isso funcionou muito bem.

Algumas organizações são tão grandes e tão diversas que precisam de formas mais distribuídas de liderança de inovação. Cada vez mais as empresas estão criando o cargo de **diretor executivo de inovação** (*chief innovation officer* — CIO), que é relativamente novo. A ideia por trás disso é que um inovador experiente será capaz de se concentrar 100% em inovação e criar vínculos entre os feudos.

O diretor executivo de inovação provavelmente terá muitas subequipes subordinadas a ele: equipes de projetos de inovação, uma unidade incubadora e talvez uma equipe de inovação aberta. Ele deve ser uma figura experiente e vigorosa. Ele precisa influenciar e disseminar as melhores práticas sem a base de poder que acompanha um fluxo de receitas. Por isso, ele necessita de um excelente relacionamento de "patrocínio" com o diretor executivo de uma empresa, bem como habilidades extraordinárias para formar redes de contatos e influenciar.

Os diretores executivos de inovação mais eficazes que conheci falam muito sobre o que todos estão conseguindo realizar. Eles são extremamente generosos nos elogios que fazem aos que inovam na empresa.

Boatos, rumores e histórias passadas de boca em boca

O que aconteceria se eu lhe dissesse que existe um sistema de **comunicação no ambiente de trabalho com as características a seguir**:

- Tem altíssima velocidade de processamento.

- Faz atualizações instantâneas.

- Não tem limite de RAM (memória).

- É constantemente revisado por pares (colegas).

- Exibe o que todos estão fazendo.

- É especializado em expor hipocrisias.

- É inextinguível.

- É completamente gratuito!

Então, o que aconteceria se eu lhe dissesse isso?

Esse sistema é chamado de *grapevine* (boatos, rumores ou histórias passadas de boca em boca) — transmissão informal de dados de pessoa para pessoa. Esse **sistema** abastecido por **boatos** é um dos componentes mais potentes do aparato corporativo. O fato de esse processo não ocorrer às claras e não ser controlado não significa que não devamos levar isso a sério. As pessoas não vão admitir isso abertamente, mas o fato é que em geral elas não esperam que a inovação chegue a algum lugar. Elas já viram isso antes, e estão dizendo por aí que, se você se arriscar, você será punido. Portanto, é melhor abaixar a cabeça e esperar até que isso tudo passe. Os boatos têm uma força imensa — **é necessário que ela trabalhe a favor da inovação, e não contra**.

Psssiuu – você ouviu isso?

> "Ei, não fale nada para ninguém, mas acabei de ficar sabendo que a Fátima levou uma bronca do chefe. Ele disse que queria ideias ousadas, e então ela lhe apresentou uma — e veja só o que aconteceu. É melhor manter a discrição."

> "Ei, soube que a Nicki tem conversado com um concorrente sobre uma joint venture. Pensei que o chefe a mataria, mas parece que ele gostou dessa ideia ousada!"

> *"Ei, fiquei sabendo que eles estão pensando em fazer uma tentativa com Davi no cargo de diretor de marketing. Parece que ele tem realizado reuniões de desenvolvimento de marca na casa dos clientes, porque isso faz com que ele se sinta mais próximo do mercado."*

O que está escondido em todas essas conversas "de corredor" são mensagens sérias sobre a competência dos indivíduos, de seus líderes e da organização como um todo. Filtre os elementos apelativos dos boatos e você encontrará comentários importantes que estabelecem expectativas sobre como deveríamos nos comportar no trabalho. Os boatos são os guias não oficiais, mas **consagrados**, sobre o que é **apropriado** e o que **não é apropriado**.

O boato é um processo em que pegamos o que ocorreu no passado e moldamos isso como um tipo de campanha de propaganda sobre o que podemos esperar que ocorra no futuro. Isso é importante porque a inovação precisa de pessoas em todos os níveis da organização que sejam capazes de compartilhar seus pensamentos vagos, bem como de líderes para as ouvir com atenção e ajudar a desenvolver a ideia ou, gentilmente, rejeitá-la. Por isso, o respaldo das pessoas mais importantes é decisivo. Elas sabem ouvir? É adequado procurar o chefe para compartilhar uma ideia? Eles me repreenderá? Ele me iludirá? Ele se interessará pelo que quero dizer? É a forma como essas perguntas foram respondidas para outras pessoas que será ampliada por meio do boato.

Como o boato funciona?

A revelação

É prazeroso e recompensador distinguir em que ponto alguém diz uma coisa e faz outra. Por isso, o boato é muito bom para expor a hipocrisia, indo contra o arrogante e a favor do prejudicado.

> **Uma dose de espanto e admiração**
>
> Como a propaganda, o conteúdo do boato não será passado adiante se não houver um componente emocionante ou que cause a sensação associada a ficar sabendo de algo levemente chocante.
>
> **Os mínimos detalhes engrandecem uma história**
>
> Como uma ave de rapina, sempre vigilante, pronta para agarrar o detalhe mais ínfimo, os boatos exigem que você empregue as palavras com extrema precisão. Nada mais requer tanto esse cuidado quanto o problema de alinhamento da equipe de altos executivos. Ao menor indício de que existe uma fissura entre a equipe de altos executivos, isso será meticulosamente explorado pelo boato.

O boato ganhará maior força se você tentar controlá-lo. Pergunte a qualquer pessoa que tenha vivido sob um rígido regime político. Quanto mais as autoridades governamentais são vistas com desconfiança, maior a aceitação do boato. Mas existe uma maneira de explorar os boatos com o objetivo de melhorar o processo de inovação.

É neste ponto que a "narração de histórias" entra em cena. As histórias são a forma mais antiga de notícia e os boatos as adoram. Alguma vez você já contou uma história e anos depois teve oportunidade de ouvir a mesma história? Você, como narrador, foi esquecido, mas a história sobrevive como uma espécie de lenda corporativa.

Mas que aspecto uma boa história tem? Dentro de cada história sempre existem cinco elementos. Será que você consegue identificar os cinco elementos na história que vou lhe contar?

Esta é uma história sobre praticar o que se prega!

Uma vez estava no meio de uma difícil tarefa de inovação. O cliente era um banco global importante e estávamos trabalhando com novos modelos de excelência em serviços. Meu contato, o diretor desse banco varejista, era osso duro de roer. Todas as vezes em que nos encontrávamos ele me questionava, tentava mudar todas as minhas ideias e realmente exigia o máximo de mim. Embora esse tipo de contestação seja favorável, não tínhamos um bom relacionamento. Estava tão empolgado para a nossa reunião *off-site* que duraria o dia inteiro quanto ficava empolgado quando tinha de ir ao dentista.

Essa reunião ocorreu em uma segunda-feira. Lembro-me disso porque ela destruiu meu fim de semana. Portanto, quando esse dia chegou, eu me preparei psicologicamente para me concentrar no trabalho, tentando não pensar: "Mal posso esperar pelo fim do dia!". Mas aconteceu uma coisa estranha. No minuto em que entrei na sala, o cliente estava diferente. Ele veio ao meu encontro, me cumprimentou cordialmente e me apresentou à sua equipe. Quer saber, tivemos um ótimo dia. Em apenas algumas horas amarramos algumas ideias extraordinárias para melhorar o serviço prestado pelo banco. O melhor de tudo foi quando, no final do dia, ele anunciou que a segunda fase do trabalho seria minha!

No dia seguinte descobri o que havia ocorrido. No domingo à tarde, um dos membros da minha equipe, Robyn, havia ido ao aeroporto de Heathrow para dar as boas-vindas pessoalmente aos clientes que estavam chegando de várias partes da Europa. Robyn se deu conta de que, como nosso projeto tratava-se de excelência em serviços, ela deveria demonstrar isso aos executivos do banco que acabavam de chegar. Ela sabia que viajar no domingo é desastroso para a vida familiar

> e que os clientes apreciariam uma recepção amistosa, uma passagem para o trem de alta velocidade que os levaria até a estação London Paddington e uma reserva em um restaurante local para toda a equipe, para aquela noite. Ela chegou até a visitar o hotel para verificar as acomodações, deixar instruções nos quartos sobre como chegar ao nosso escritório e algumas sugestões de bares para visitar depois do restaurante. Talvez, não surpreendentemente, nossos clientes tenham tido uma noite agradável. Em pouco tempo eles se esqueceram do inconveniente de viajar no domingo e curtiram a noite. Durante o jantar, eles falaram sobre o ótimo atendimento que haviam recebido de Robyn e sobre como isso os influenciou. E assim resolveram tocar o projeto de atendimento com maior firmeza.
>
> Para mim, isso de fato mostra o poder de praticar o que se prega.

E aí, você gostou da história? Você reconheceu os cinco pontos? Dê uma estrela a si mesmo por cada um deles.

Estrela 1: Por que lhe contaria essa história?

Logo no início eu lhe disse que essa história seria sobre praticar o que você prega.

Estrela 2: Quem é o herói?

O herói nunca pode ser aquele que conta a história. Isso seria uma "presunção", e não uma história. Nesse caso, foi Robyn.

Estrela 3: Onde está o drama?

Uma boa história segue um padrão. As coisas parecem sombrias. O herói impede o pior e resolve o problema — antes que seja tarde demais. Nesse caso, eu não estava animado para a reunião, mas do nada, e para a minha surpresa, a reunião foi excelente.

Estrela 4: Qual é a recompensa?

Nesse caso, ganhar a fase dois foi uma imensa recompensa. Eu não disse isso na história, mas Robyn foi reconhecida por ter feito bem seu trabalho.

Estrela 5: Por que lhe contei essa história?

Observe que eu volto a falar sobre o motivo dessa história no último parágrafo.

Contar uma história **"cinco estrelas"** como essa surte efeito. As pessoas entendem a mensagem e lembram-se dela. Do mesmo modo que uma técnica, é fácil de aprender, lembrar e moderar para si mesmo. Portanto, que narrativa sobre estratégia de inovação e comportamentos inovadores você deseja em sua organização? Utilize todas as oportunidades que tiver para contar as histórias que você quer que circulem. Em reuniões *off-site*, em viagens, na fila para o almoço, no boletim informativo da empresa, no banheiro, nos pôsteres da recepção, em seus *e-mails* semanais de atualização para os funcionários — todas essas situações são excelentes oportunidades para você incorporar suas histórias. Se elas forem boas o suficiente, provavelmente serão recontadas.

Não espere que as coisas boas que estão acontecendo espalhem-se por osmose. Saia e conte às pessoas, e conte outra vez e mais outra vez... Há muitos anos, em uma das viagens de estudo TopDog da ?What If! aos EUA, visitamos as lojas de gêneros alimentícios da cadeia Wegmans, em Rochester, no Estado de Nova York. Eles me disseram algo que nunca esquecerei: se você realmente deseja deixar uma mensagem, você precisa repeti-la. A regra prática da Wegmans era repetir **sete vezes uma mensagem-chave**. Isso não quer dizer que eles literalmente repetissem sete vezes a mesma mensagem. Na verdade, eles procuravam garantir que, com o passar do tempo, as mensagens importantes fossem repetidas para os clientes e os funcionários em diferentes formatos, pelo menos sete vezes. Fiquei impressionado com o fato de como os britânicos "excessivamente educados" são ineficientes nesse aspecto e como os norte-americanos são bons nisso. O engraçado é que durante aquela semana visitamos algumas empresas brilhantes e agora — acho que já se passaram dez anos — consigo me lembrar apenas da mensagem da Wegmans.

Mas o método mais eficaz para criar histórias que tenham um potencial verdadeiramente contagiante é ser percebido pelo que você de fato faz. Trabalhei na Tailândia e meu chefe morava na Austrália. Quando ele ia nos visitar, primeiro seguia do aeroporto para o hotel para se arrumar. Mas ele não ia para o escritório. Ele ficava pelas ruas, no que ele costumava chamar de "trabalho de campo" — isso significa que ele passava o tempo com pessoas normais, em casas normais fazendo coisas normais. No dia seguinte, quando de fato ia para o escritório, já estava bem informado sobre quem havia comprado nossos produtos e por quê. Ele não falava muito sobre estratégia nem pesquisa, mas era capaz de relacionar tudo o que estávamos tentando fazer com a realidade do mercado. A história do "chefe que não ia para o escritório" tornou-se uma lenda e realmente estabeleceu o tom para todos nós. Não havia dúvida de nosso trabalho era estar próximo de nossos clientes.

O que é instrutivo sobre essa e muitas outras histórias resilientes que são passadas de boca em boca, é que isso se baseou em uma observação sobre o que alguém realmente fez, não no que essa pessoa disse aos outros que eles fizessem. Acho que a mensagem para os inovadores é de que precisamos incorporar em nós a mudança que desejamos ver nos outros. Se você precisa melhorar o vínculo com os clientes, comece de você mesmo. Isso será percebido em pouco tempo — se seus atos forem autênticos, isso se transformará em uma história que será passada de boca em boca por outras pessoas.

> 66

Nada viaja mais rápido do que a velocidade da luz, exceto talvez as más notícias, que obedecem a leis próprias e especiais."

Douglas Adams, *Mostly Harmless,* **Pan Books, Reino Unido (1992)**

Atribuindo significado às medidas

Como todas as atividades de negócio, a inovação precisa de **medidas de desempenho**. Mas a inovação não é como todas as atividades de negócio. Ela arca com riscos (e recompensas) bem maiores do que uma coisa que já foi feita várias vezes.

> *Na maioria dos casos, a contabilidade normal não funciona com a inovação."*

O cálculo do valor presente líquido (UPL) para estimar o retorno sobre o investimento dos projetos em fase final, ou do valor de um portfólio ou do *pipeline* de projetos em fase final, é útil. Porém, na maioria dos casos, a contabilidade normal não funciona com a inovação. Os empreendimentos em fase inicial que são sobrecarregados com um *case* financeiro demasiadamente preciso gera resultados artificiais e desmoraliza a equipe de inovação. No final ninguém ganha com isso.

Constatei que os processos *stage-gate* (seguem em estágios sequenciados) com frequência forçam previsões quantitativas irreais sobre as iniciativas de inovação logo no início do processo. Isso cria alguns problemas. Primeiro, a modelagem da inovação está sujeita a um jogo de azar; um aumento de 1% em nossas expectativas de lucro acaba gerando uma imensa diferença nos lucros dez anos mais tarde. Mas o mundo dos negócios não tem um bom histórico com relação a estimativas de escala de inovação: Viagra, Facebook, Google, iTunes — todos eles são grandes inovações, embora o crescimento de nenhum deles tenha sido previsto. Segundo, há uma dupla incerteza na avaliação das inovações "além do horizonte". As análises de fluxos de caixa descontados com frequência pintam um quadro otimista porque medem um ganho positivo incerto em contraposição a dados financeiros estáveis. Contudo, como todos sabemos, se não inovarmos, nossa situação será tudo, menos estável; na melhor das hipóteses, será incerta, mas provavelmente decairá. A contabilidade convencional não tem estrutura para lidar com essa magnitude de incerteza.

Os inovadores precisam propor logo no início de que forma eles serão avaliados. Se não o fizerem, acharão que foi o diretor executivo financeiro que impôs as medidas.

Em seu estágio inicial, as inovações precisam de pessoas que falem frequentemente sobre o desenvolvimento da ideia. Portanto, faz sentido criar medidas que promovam o diálogo e obtenham o envolvimento dos interessados. Pouquíssimas ideias no *pipeline* (canalização) — falemos sobre isso. Ideias demais no *pipeline* — falemos sobre isso também. Uma quantidade certa de ideias no *pipeline* — hummm, isso é bom demais para ser verdade. Agora realmente precisamos conversar sobre isso.

Constatei que existem medidas simples, como as apresentadas a seguir, que promovem o tipo certo de diálogo a respeito de inovação:

1. **Examine o *pipeline* de inovação de cima para baixo** seguindo uma ordem de magnitude. Compare o valor do *pipeline* não ajustado ao risco com a meta de inovação (a defasagem de crescimento). Se o valor do *pipeline* for dez vezes superior à meta, talvez isso seja bom o suficiente — muito simples, muito rápido e bastante propenso a provocar um debate.

2. **Faça uma avaliação objetiva, ajustada ao risco**, de iniciativas individuais para chegar ao valor total do *pipeline* ajustado ao risco. Se isso não for suficiente para alcançar o resultado financeiro desejado para a inovação, de quantas outras provas e projetos precisamos no momento? Em outras palavras, estamos beijando um número suficiente de sapos? Recentemente, ao trabalhar com essa ideia com um de nossos clientes, conseguimos mostrar que eles provavelmente precisariam de mais três projetos para alcançar seus objetivos — uma notícia indesejável, mas importante.

3. **Analise a velocidade e a taxa de sucesso** de iniciativas que passam pelo processo *stage-gate*. Com que velocidade estamos fazendo protótipos de ideias, levando-as adiante ou as rejeitando? Com efeito, você está medindo a "velocidade do fluxo" de ideias (ou, de modo oposto, a "aderência" do *pipeline*). Assim como um estoque não vendido, existe um custo para as ideias que ficam emperradas.

4. **Procure a fundo o valor financeiro** de uma ideia em referência aos acionadores de valor subjacentes. Portanto, em vez de perder tempo avaliando, por exemplo, o valor de um projeto de inovação de painéis solares, procure os indicadores de crescimento dos painéis solares: construção de novas casas, mudanças na eficiência tecnológica ou nas legislações governamentais, dentre outros. A mensuração de mudanças nos "acionadores de valor" despertará uma discussão animada com a equipe de patrocínio.

5. **Determine um modelo de avaliação de mercado** que possibilite que os inovadores invistam o dinheiro naquilo que estão pregando. Desse modo, o valor de cada iniciativa de inovação é determinado por um conselho de empreendimentos de risco composto por alguns especialistas e consultores externos. Os membros da equipe de incubação podem comprar opções, mas o dinheiro de verdade precisa circular. De maneira semelhante, o setor de serviços financeiros adora mercados previsíveis — as ideias são negociadas por meio de uma moeda virtual. A General Eletric (GE) direciona muitas de suas iniciativas para *joint ventures*, avaliando que isso pode "comprová-las" mais adequadamente do que as técnicas atuariais.

6. **Monitore as medidas de saúde da incubadora**. Até que ponto a equipe está envolvida? Qual é a sua reputação? Qual é a proporção de "tempo útil" da equipe em relação a "preenchimento de formulários, cursos e divulgação de informações"? Quantos candidatos a emprego se apresentam espontaneamente? Por exemplo, a Boeing faz um acompanhamento da "frequência com que a incubadora solicita ajuda" por considerar essa medida útil e eficaz.

Concluindo, existe outra maneira de elaborar um *business case* (argumento empresarial) para a inovação. Vamos chamá-la de **"aposta livre"**. Pense nela como uma medida de inovação que oferece certa tranquilidade com relação às perdas financeiras, em contraposição a elevar as expectativas de ganho.

A aposta livre não faz promessas com relação à receita, ao lucro ou à participação de mercado que você obterá. A contabilidade de lucro apenas engrandece a inovação — se as recompensas são dessa magnitude no presente, todo mundo desejará saber o que está acontecendo. Além disso, é altamente improvável que suas estimativas de lucro se revelem corretas, e seu chefe sabe muito bem disso.

Antony Jenkins, diretor executivo do Barclays Retail & Business Bank, evita medidas de investimento convencionais quando o assunto é inovação. Você provavelmente deve achar que uma instituição tão respeitável avalia tudo de tudo. Entretanto, Jenkins acredita que, "quando estamos no estágio inicial de uma inovação, os cálculos de VPL, os modelos e as planilhas eletrônicas têm suposições em demasia para serem úteis". Quando o cartão de crédito Oyster foi criado, Jenkins não perguntou "que lucro teremos", mas "quanto precisaremos gastar para descobrir se isso funciona". Jenkins acrescenta: "Com base nisso, apenas tomamos uma decisão, não queríamos ficar analisando isso minuciosamente."

> **"**
>
> *É muito melhor ser transparente com relação a uma magnitude mínima de perda financeira do que apresentar uma perspectiva de lucro ambiciosa."*

Por isso, no que tange à inovação, algumas vezes é melhor utilizar a contabilidade de "perda financeira". Descubra quanto uma determinada coisa custará para passar para o estágio essencial seguinte do projeto — talvez até chegar ao final do projeto piloto ou a um lançamento experimental. Se seus superiores souberem que você não está fazendo uma mega-aposta, que o pior cenário não é tão ruim, eles ficarão bem mais propensos a concordar com isso. É muito melhor ser transparente com relação a uma magnitude mínima de perda financeira do que apresentar uma perspectiva de lucro ambiciosa.

A contabilidade de perda abre espaço para uma abordagem empreendedora — uma atividade discreta e enxuta. Você não ganhará nem sofrerá prejuízo ou perderá não mais que uma determinada quantia. Portanto, agora você tem o sinal verde e pode avançar e fazer o que tem de fazer para conduzir a iniciativa para o próximo estágio de desenvolvimento.

Persuadindo os do contra

Em uma grande empresa, a realidade é que uma ideia passará por várias mãos. Há muitas oportunidades para que ela seja tocada e levemente alterada ao longo do processo. Cada mudança pode parecer insignificante, mas no cômputo geral uma ideia antes brilhante pode facilmente ser destruída.

Por isso, é importante prevermos todos os problemas que podem surgir. Além disso, é provável que alguns interessados sejam mais propensos a ver "o copo meio vazio". Precisamos fazê-los estender os braços e se abrir para as possibilidades.

Existem duas atividades práticas para comover até mesmo os críticos mais afiados e transformá-los em dóceis gatinhos. Primeiro, promova um encontro cara a cara entre os empresários e respectivos clientes ou consumidores. Esse exercício tem um valor incrível. Embora essa ideia possa soar um tanto óbvia, surpreendentemente isso é raro, em especial entre executivos operacionais, financeiros, de tecnologia da informação e entre outros cargos que acham que seu trabalho não tem nada ver com "interação e comunicação direta com os clientes". As interações diretas geram a confiança necessária para que eles tomem a decisão de "prosseguir ou não prosseguir". Eles analisam os números, mas nesse momento eles se lembram dos clientes que eles conheceram. De acordo com minha experiência, estar frente a frente com os consumidores tem um poder surpreendente de transformar um cético em defensor.

Segundo, construa fontes de otimismo. Todo mundo deseja ter alguma ligação com uma inovação de sucesso e todos adoram contar e recontar histórias sobre como algo audacioso e pouco comum funcionou de maneira brilhante. Segundo nossa experiência, os opositores não conseguem argumentar contra o sucesso. Portanto, crie rapidamente um pequeno sucesso. Seja claro a respeito do motivo do sucesso de um projeto. Talvez tenha sido a forma como você enquadrou o desafio, a busca por provocação que você empreendeu ou a maneira como você transformou as ideias em realidade. Se você conseguir indicar claramente os elementos que contribuíram para o sucesso, até mesmo o mais crítico opositor terá de se esforçar para dizer por que você não deveria repeti-lo. Basicamente, você está tentando erguer a reputação dessa inovação. Você está defendendo um novo caminho. Isso significa que você precisa fazer um esforço complementar para demonstrar por que a inovação funcionou e que as recompensas obtidas valeram a pena.

As principais oposições

1. *"Experimentação, prototipagem, teste beta — claro, tudo isso é excelente para as start-ups de tecnologia, mas somos uma indústria farmacêutica, não podemos ficar nos envolvendo com pacientes nem médicos dessa forma! Existem regras."*

    É verdade que alguns setores, como o de aviões, bancos ou seguros de saúde, estão imersos em regulamentações, elevados custos de capital e longos ciclos de desenvolvimento. Nesse caso, o regime de experimentação que exige rápidas mudanças de posição parece estar além do alcance. Mas não desista; obviamente, o perigo é que essas organizações não experimentem nada novo e fiquem entorpecidas para as atividades genuinamente empreendedoras. Investigue a fundo o que você poderia mudar a curto prazo. Se você não consegue mudar as moléculas, não consegue ao menos mudar a embalagem?

2. *"Somos uma empresa de engenharia, 99% das pessoas são críticos racionais, não fazemos nada ambíguo e não ficamos sentados por aí fazendo brainstorming o dia inteiro."*

É verdade, o *brainstorming* — particularmente quando o grupo é grande — pode ser incômodo e gerar uma série de ideias superficiais, o que deixa todos insatisfeitos. Mas um *brainstorming* habilidosamente e sensivelmente gerenciado pode gerar um avanço enorme para a equipe. Não deveria haver nenhuma controvérsia a respeito do *brainstorming* — o *brainstorming* **ruim** é um **desperdício de tempo** e o **bom tem um valor inestimável**.

Na realidade, os engenheiros são bons "iteradores" — eles entendem rapidamente os princípios subjacentes à experimentação. O argumento é que, quando se realiza uma série de miniexperimentos, nunca é tarde demais nem muito prejudicial à carreira abandonar todo o experimento. A história da inovação tem exemplos de sobra de organizações que passaram a se dedicar demasiadamente a determinadas coisas e, por esse motivo, pararam de ver as coisas claramente. Portanto, longe de ser excêntrico, um programa de "projeção de ambiguidades" na verdade diminui os riscos.

Vamos à prática

Existe uma verdade inegável com relação à inovação nas grandes organizações: a mudança, especialmente uma mudança que provoca **rupturas**, sempre encontrará resistência. É exatamente assim que as coisas são. Penso que, em vez de perder um tempo enorme reclamando dessa "verdade", esse tempo poderia ser mais bem aproveitado se enfrentássemos a realidade da situação e fizéssemos um plano para combatê-la. Em outras palavras, se você for atingido em seus combates contra a máquina corporativa, tente apenas se restabelecer. Todos os combates podem ser previstos e, até ser ponto, impedidos.

Por isso, antes de começar a inovar, quando essa palavra ainda for apenas um brilho de prazer em seus olhos, reúna sua equipe, longe do escritório, e ao longo de um dia elabore um plano de combate. Não saia da sala enquanto não tiver respostas claras para as seguintes perguntas:

- Você enquadrou o desafio de inovação? Quanto é necessário inovar, que tipo de inovação é essencial e para quando?

- Você tem certeza sobre o que está dentro e fora do escopo?

- Como você utilizará os boatos para administrar sua reputação?

- Como você demonstrará maior paixão por seus produtos do que pelos processos?

- Qual é a estrela-guia única e básica que criará o espaço de respiro para inovar?

- Onde ficam as zonas de segurança que protegerão as novas ideias?

- Que papel o líder da empresa precisa desempenhar?

- Que medida você recomendará a seu grupo de patrocinadores para que eles o avaliem?

- Quem são os do contra? Qual é o plano para que eles fiquem do seu lado?

Um Grito
de Guerra

Espero que este livro o tenha feito mudar de opinião e que esteja entusiasmado com o desafio que você tem pela frente. Não há nada mais recompensador na vida do que olhar para uma página em branco e começar a preenchê-la com algo de valor, algo para o qual você possa apontar e dizer: **"Eu fiz isso!"**. Espero também que eu tenha lhe transmitido algumas ideias sobre o que é possível fazer para acelerar seu processo de inovação e, de acordo com minhas palavras, tornar-se um verdadeiro herói da inovação (serendipidade).

É óbvio que as *start-ups* empreendedoras não são o contexto deste livro. As organizações que se encontram nesse impetuoso estágio de desenvolvimento não precisam de livros de negócios. Em vez disso, o tema comum que foi tecido ao longo deste livro é o do impacto provavelmente corrosivo que as grandes organizações podem exercer sobre nossa habilidade de inovar. Isso, segundo o que acredito, é um fato da evolução natural da vida comercial. Mas, de fato, desejo corrigir qualquer interpretação errônea. Não estou dizendo que ser grande é ruim. Na verdade, o apoio que a máquina corporativa pode dar a você e à inovação representa uma imensa força para o bem no mundo. Simplesmente acredito que agora temos informações suficientes a respeito de como a inovação funciona nas grandes organizações para nos prevenirmos contra as barreiras inevitáveis. Não acho que isso era assim há 10 ou 20 anos.

Para mim, o conceito de inovação é fascinante, porque funde a rigidez do mundo comercial com uma compreensão profunda das pessoas e da forma como elas se comportam em conjunto. Em sua acepção mais básica, o processo de um "verdadeiro herói" ocorre da seguinte forma: você inicia essa empreitada determinado a realizar uma mudança. Você percebe que precisará "desaprender" tudo o que virou rotina. Você mergulha em um mundo de estímulos provocativos. Sem refletir demais sobre o desafio, você experimenta ideias que aparecem em seu caminho. Experimentos engenhosos envolvem a máquina corporativa e, antes mesmo que você se dê conta, já existe uma energia por trás de sua ideia e uma data de lançamento anotada na agenda. Para mim, trata-se de uma mistura inebriante de ambição e humildade, e acho que o mundo seria um lugar melhor se mais pessoas conseguissem transformar isso em sua "maneira de ser" no ambiente de trabalho.

O que pode parecer uma feliz sequência de coincidências, para quem vê de fora, na realidade é resultado de muito trabalho árduo. Somente os verdadeiros heróis da inovação sabem o quanto a busca por estímulos provocativos lhes custou ou quantos experimentos não surtiram efeito. E somente eles sabem quanto tempo foi necessário para envolver as partes interessadas e o quanto seus lábios estão infectados por tantos sapos que eles beijaram — e somente eles sabem disso. É por esse motivo que eu gosto do termo **serendipidade**. Para um observador externo, isso é mágico. Para quem está dentro, é um trabalho árduo — algo que você sente compelido a fazer.

Por isso, boa sorte. Mas a essa altura você já sabe que isso é apenas uma romântica figura de linguagem. Desejo a você tudo o que há de melhor, mas a sorte fica por sua conta!

Agradecimentos

Agradeço aos inúmeros clientes da ?What If! e a outros empresários respeitados que me ajudaram a dar vida às minhas histórias e a tornar este livro, assim espero, extremamente prático.

Agradeço aos vários membros da ?What If! que me auxiliaram a escrever este livro — seja pelos muitos exemplos de coragem para experimentar coisas ainda mais novas, seja pelo incansável apoio e pelos comentários que tanto me ajudaram. Agradeço particularmente a Barrie Berg, por seus conselhos tão sábios, Andy Comer, pelas várias correções e recorreções, Kirsty Johnson, por seu primeiro projeto editorial neste livro, Ben Stevens, por algumas fotos excelentes, Alison Bowditch, por não omitir nenhuma crítica, Sal Pajwani, pelas diversas ideias interessantes, Robin Price, por garantir que eu não levasse a empresa à falência, Leanne Gilbert, por gerenciar meu tempo, Sarah Smith, por sua atenta pesquisa, e Sarah Peachey, por sua visão aguçada. Agradeço também a vários membros da ?What If! que nos permitiram fotografá-los durante o trabalho.

Agradeço a Holly Bennion e Jenny Ng, da Wiley, por me manterem no caminho.

Agradeço a Jake Hilder da www.jakehilderphotography.co.uk por várias das fotos.

Por último, mas não menos importante, agradeço a meus filhos admiráveis, Holly e Harry, e à minha esposa, Alice, por nunca terem mencionado o quanto fazia sol lá fora ou apenas que talvez eu devesse fazer uma pausa. Obrigado por terem me deixado em paz; sem seu apoio, confiança e inúmeras xícaras de chá, eu nunca teria saído do primeiro capítulo.

Fontes

Introdução: Os Verdadeiros Heróis da Inovação

- A história do Viagra é baseada em entrevistas com o dr. David Brown. Para obter mais detalhes, veja sua palestra no Centro de Aprendizagem de Empreendedorismo, na Judge Business School, Universidade de Cambridge. http://www.cfel.jbs. cam.ac.uk/programmes/enterprisetuesday/videos.html.

- A citação de Julius Comroe é extraída do livro *Retrospectroscope: Insights into Medical Discovery*, de Julius H. Comroe, Von Gehr Publishers, 1977.

- Se você estiver interessado em conhecer o papel da sorte nos negócios, leia: *Great by Choice: Uncertainty, Chaos, and Luck — Why Some Thrive Despite Them All* (*Vencedores por Opção*), de Jim Collins e Morten T. Hansen, Harper Collins, 2011. Outro livro excelente sobre o tema é *Get Lucky: How to Put Planned Serendipity to Work for You and Your Business*, de Thor Muller e Lane Becker, Jossey Bass, 2012.

Capítulo 1   O Protagonista

- A história da Axe/Lynx baseia-se em entrevistas com executivos da Unilever e com Neil Munn, diretor da marca Axe/Lynx entre 2002 e 2006.

- A citação de Victoria Beckham é do livro *Learning to Fly: The Autobiography*, Penguin Global, 2005.

- Para obter mais informações sobre o emocionalmente convincente e a ampliação de objetivos ainda não há nada melhor do que *Built to Last* (*Feitas para Durar*), de James Collins e Jerry Porras, Random House Business Books, 2005. BHAGs (*big hairy audacious goals* — metas grandes, difíceis e audaciosas) provavelmente é um dos melhores termos de negócios já criado.

- As histórias da ASOS e da Escola de Biociências de Harvard baseiam-se em entrevistas com executivos da alta administração.

- A citação final de Nick Robertson foi extraída de *An Interview with Nick Robertson — CEO of ASOS*, de Medhi Jaffer e Tom Bordell, Varsity.co.uk, 14 outubro 2011. http://www.varsity.co.uk/news/3845.

- Foto de David Green segurando a traqueia, tirada por Deborah Becker Mclennan.

- Para uma excelente discussão sobre a mentalidade de pirata, leia *The Pirate Inside*, de Adam Morgan, John Wiley & Sons, Ltd, 2004.

- Os leitores familiarizados com o trabalho de Maurice Belbin sobre os papéis desempenhados dentro de uma equipe reconhecerão o "finalizador aperfeiçoador". Sempre achei que isso fosse uma necessidade quase obsessiva de precisão. Isso é diferente das habilidades de finalização da qual os inovadores precisam. Meu ponto de vista sobre um bom "finalizador" é de alguém com tenacidade e responsabilidade para concluir um trabalho, sem ser distraído por outros desafios instigantes.

Capítulo 2   A Busca por Provocação

- As histórias sobre a empresa global de seguros, os executivos da panificadora que visitaram seus clientes no café da manhã, os executivos da confeitaria, o exercício de se colocar na pele do consumidor, as pessoas que sofriam de psoríase e o projeto **O Futuro do Sexo** baseiam-se nos trabalhos da ?What If! com seus clientes.

- A citação de Steve Jobs é do livro *The Next Insanely Great Thing*, por de Gary Wolf, *Wired*, 1996.

- Essa história da Kodak é famosa e os comentários são extraídos de *Changing Focus: Kodak and the Battle to Save a Great American Company*, de Alecia Swasy, Times Business, Random House, 1997.

- A história da Encyclopaedia Britannica provém de entrevistas com os altos executivos que deixaram a empresa.

- As citações da Fresh & Easy são de extraídas da revista *The Economist*, 21 junho de 2007, e William Kay, *Tesco Admits: We Got It Wrong in US*, *The Sunday Times*, 22 de fevereiro de 2009.

- A história do trem-bala pode ser encontrada em *Innovation Inspired by Nature Biomimicry*, de K. D. Hargroves e M. H. Smith, *Ecos*, 129, 2006, pp. 27-28.

- As histórias da easyJet e da BP Invigorate baseiam-se em projetos da ?What If!.

- Foto do motorista obcecado por suas telas, tirada em uma manhã com meu *iPhone*.

- A citação de Paul Flory pode ser encontrada em *Serendipity, Accidental Discoveries in Science* (*Descobertas Acidentais em Ciências*), Royston M. Roberts, John Wiley & Sons, Ltd, 1989.

Capítulo 3   Transformando Ideias em Realidade

- As histórias e referências sobre a Boots, 48 (Telefonica), Dyson, Metro, Barclays, Google e SRI baseiam-se em entrevistas com altos executivos.

- A história da Dyson é complementadas com citações de *Against the Odds: An Autobiography*, de James Dyson, Orion Publishing, 1997.

- Fotos de Dave me ensinando o que é linha de impedimento, tirada por Jake Hilder.

- As citações de Edison:

    "Se eu descobrir 10.000 maneiras pelas quais algo não funcionará, não terei falhado. Não me sinto desencorajado, porque cada tentativa errada descartada geralmente é um passo para a frente [...]." http://www.thomasedison.com/quotes.html.

    "Nunca fiz nada que valesse à pena apenas por acidente [...]. Praticamente nenhuma das minhas invenções foi obtida por acaso. Elas foram alcançadas porque me treinei para ser analítico e para enfrentar e tolerar um trabalho árduo." http://www.thomasedison.com/quotes.html

    "Mostre-me um homem perfeitamente satisfeito e eu lhe mostrarei um fracasso." *The Diary and Sundry Observations of Thomas Alva Edison*, 1948, p. 110. wikiquote.org/wiki/Thomas Edison.

    "Só porque algo não realiza o que você planejou não significa que seja inútil." http://www.quotationspage.com/quote/394.html.

    "Inquietação é descontentamento, e descontentamento é a primeira necessidade do progresso." http://quotationsbook.com/quote/32668/.

"A genialidade é 1% inspiração e 99% transpiração. Consequentemente, um 'gênio' com frequência é uma pessoa de talento que fez o dever de casa." http://www.thomasedison.com/quotes.html.

- O experimento do ovo é fascinante. Leia mais em *Efficacy of Prototyping Under Time Constraints*, de Steven P. Dow, Kate Heddleston e Scott R. Klemmer, Stanford University HCI Group, Departamento de Ciência da Computação, 26-30 de outubro de 2009.

- A história do nascimento da Gü me foi contada pelo fundador, James Averdieck.

- A citação de Jeff Bezos foi extraída de *Blind-Alley Explorer*, Businessweek, 19 de agosto de 2004. http://www.businessweek.com/bwdaily/dnflash/aug2004/ nf20040819_7348_db_81.htm.

- A história do Frappuccino pode ser encontrada em *Pour Your Heart into It. How Starbucks Built a Company One Cup at a Time* (Dedique-se de Coração. Como a Starbucks Se Tornou uma Grande Empresa de Xícara em Xícara), de Howard Schultz e Dori Jones Yang, Hyperion, 1999.

Capítulo 4   Processo de Colisão

- As histórias da Method, Google e Innocent foram pesquisadas durante nossas visitas, entre 2009 e 2012, e baseadas em entrevistas com altos executivos.

- Todas as fotos são de Jake Hilder, exceto as da Method, que tirei com meu *iPhone*, a da TV e a da varejista europeia, que foram tiradas por funcionários da ?What If!, e as da Zappos, que foram fornecidas pela Zappos. Muito abrigado à UKTV, Google e Zappos por sua ajuda.

- O discurso de Winston Churchill na Associação Inglesa de Arquitetura foi divulgado em 1924.

- Para ler mais sobre a história de Brad Bird, consulte *Innovation Lessons from Pixar: An Interview with Oscar-Winning Director Brad Bird*, de Hayagreeva Rao, Robert Sutton e Allen P. Webb. *McKinsey Quarterly*, abril de 2008. http://www.mckinseyquarterly.com/Innovation_lessons_from_Pixar_An_interview_with_Oscar-winning_director_Brad_Bird_2127_abstract.

- Para obter mais informações sobre as baias e o pedido de desculpas, consulte Julie Schlosser, *Cubicles: The Great Mistake*, Fortune Magazine, 2006. http://money.cnn. com/2006/03/09/magazines/fortune/cubicle_howiwork_fortune/.

- Para obter mais informações sobre o manual da Valve, visite valvesoftware.com. Consulte também um interessante artigo de Shane Show sobre o manual da Valve, na revista *Fast Company*: http://www.fastcompany.com/1835546/you-re-hirednow-figure-things-out-with-the-help-of-this-whimsical-handbook.

- Definição de *"mingle"* no dicionário *on-line* Merriam-Webster.com. http://www.merriamwebster.com (abril de 2012).

- Para obter mais informações sobre o *PechaKucha*, visite pecha-kucha.org e kleindytham.com.

- A história da Zappos é extraída do livro *The Zappos Experience* (*A Experiência da Zappos*), de Joseph A. Michelli, McGraw-Hill, 2012.

- O envolvimento com *design* de ambientes de trabalho da Universidade de Exeter é descrito em *Designing Your Own Workspace Improves Health, Happiness and Productivity*, ScienceDaily, 7 de setembro de 2010. http://www.sciencedaily.com/releases/2010/09/100907104035.htm.

- Para mim, o melhor livro sobre como o ambiente físico nos afeta é *A Pattern Language* (Uma Linguagem de Padrões), de Christopher Alexander, Sara Ishikawa e Murray Silverstein, Oxford University Press, 1977.

Capítulo 5   Combatendo a Máquina Corporativa

- As referências e histórias da Wegmans, Kingfisher, UKTV, Innocent, KFC China, Samsung, Barclays, GE, LoveFilm, Unilever e SRI foram extraídas de conversas com altos executivos.

- A Wikipédia tem uma excelente história sobre 2CV em http://en.wikipedia.org/wiki/Citro%C3%ABn_2CV.

- A foto clássica do "meu primeiro carro" foi tirada por minha mãe.

- A foto do vaso sanitário que se integra com a pia foi uma gentileza do Kingfisher Group.

- A citação de Eric Schmidt é extraído do artigo de James Manyika: *Google's View on the Future of Business: An Interview with CEO Eric Schmidt*, McKinsey Quarterly, setembro de 2008. http://www.mckinseyquarterly.com/Googles_view_on_the_future_of_business_An_interview_with_ CEO_Eric_Schmidt_2229.

- Para obter mais informações sobre a visão da Samsung a respeito de inovação, veja a palestra de Yoon C. Lee, diretor geral da Global Product Innovation Team, da Samsung, no Centro de Liderança de Marca Global, na Escola de Negócios de Colúmbia. http://www.youtube.com/watch?v=YRCip1KDR18.

- Douglas Adams, *Mostly Harmless* (Praticamente Inofensiva), Reino Unido, Pan Books, 1992.

- A referência à Boeing pode ser encontrada em: http://www.innovationmanagement.org/Wiki/index.php?title=R%26D_Management.

- Uma pesquisa recente da IESE e Capgemini Consulting descobriu que 43% dos entrevistados afirmam ter um executivo formalmente responsável por inovação, um salto significativo em relação aos 33% que fizeram a mesma afirmação em uma pesquisa anterior. Capgemini Consulting e IESE Business School, *Innovation Leadership Study*, março de 2012. Miller, Klokgieters, Brankovic, Duppen.

Sobre Matt Kingdon

Cofundador, vice-presidente e diretor entusiasta da ?What If!

Matt Kingdon fundou a ?What If! com Dave Allan em 1992. Objetivo: formar parceria com clientes que estavam entusiasmados com a inovação, mas não conseguiam fazê-la sair do papel.

A ?What If! tem escritórios em três continentes e parceria com organizações de todos os setores. Em 2004 e 2005, a ?What If! ganhou, ineditamente, por dois anos consecutivos, o primeiro lugar da premiação **UK's Best Small Workplaces**, realizada pelo Great Place to Work Institute e pelo jornal *Financial Times*.

Coautor do *best-seller* sobre inovação *Sticky Wisdom*, Matt fala frequentemente a respeito desse tema. "Eu me dei conta do quanto é útil tornar os objetivos palpáveis e do quanto é importante envolver todas as pessoas incessantemente com a emoção e o trecho da viagem", afirma ele. "Passamos tempo demais no ambiente de trabalho para isso ser previsível", diz Matt Kingdon.

A convicção básica de Matt é de que os principais desafios que as organizações estão enfrentando na transformação de gigantes adormecidos em ágeis inovadores são mais humanos do que estratégicos. Ouvir, experimentar e embalar novas ideias para sobreviver à inevitável derrota corporativa — são essas habilidades, mais do que o pensamento "brilhante" e uma volumosa documentação, que distinguem os ganhadores e os perdedores no mundo da inovação.

Antes da ?What If! Matt trabalhou na promoção do portfólio de marcas da Unilever, primeiro no Reino Unido e depois no sudeste da Ásia e no Oriente Médio. Matt vive em Londres com sua família. Seu *hobby* é remover cartilagens dos joelhos após as maratonas que ele não deveria ter corrido.

www.dvseditora.com.br